Plato's myths

플라톤 신화집

—

제1판 1쇄 2014년 5월 30일

—

지은이–플라톤

옮긴이–천병희

펴낸이–강규순

—

펴낸곳–도서출판 숲

등록번호–제406–2004–000118호

주소–경기도 파주시 해바라기길 34

전화–(031) 944–3139 팩스–(031) 944–3039

E–mail–booksoop@korea.com

—

ISBN 978–89–91290–56–3 93100

값 17,000원

—

디자인–씨디자인

—

잘못 만들어진 책은 구입하신 서점에서 바꿔드립니다.

—

이 도서의 국립중앙도서관 출판시도서목록(CIP)은 서지정보유통지원시스템 홈페이지(http://seoji.nl.go.kr)와 국가자료공동목록시스템(http://www.nl.go.kr/kolisnet)에서 이용하실 수 있습니다. (CIP제어번호: CIP2014015192)

Plato's
/
myths

플라톤 신화집

천병희 옮김

플라톤의 철학적 신화 읽기

/

옮긴이 서문

플라톤(기원전 427년경~347년)은 관념론 철학의 창시자로 소크라테스, 아리스토텔레스와 더불어 서양의 지적 전통을 확립한 철학자이다. 아버지 쪽으로는 아테나이의 전설적인 왕 코드로스(Kodros)로, 어머니 쪽으로는 아테나이의 입법자 솔론(Solon)으로 거슬러 올라가는 부유한 명문가에서 태어난 그는 당시 여느 귀족 출신 젊은이들처럼 정계에 입문할 작정이었다.

그러나 펠로폰네소스 전쟁(기원전 431~404년)에서 아테나이가 패하면서 스파르테가 세운 '30인 참주'들의 폭정이 극에 달하고, 이어서 이들을 축출하고 정권을 잡은 보수적인 민주제 지지자들에 의해 스승인 소크라테스가 399년에 사형 당하는 것을 본 28세의 플라톤은 큰 충격을 받는다. 그래서 정계 진출의 꿈을 접고 철학을 통해 사회의 병폐를 극복하기로 결심을 굳힌 그는 철학자가 통치가가 되든지 통치자가 철학자가 되기 전에는 사회가 개선될 수 없다는 확신을 품게 된다.

이 사건이 있은 뒤 이집트, 남이탈리아, 시칠리아 등지로 여행을 떠났던 플라톤은 기원전 4세기 초에 아테나이로 돌아와 영웅 아카데모스(Akademos)에게 바쳐진 원림(園林) 근처에 서양 대학교의 원조라고 할 아카데메이아(Akademeia) 학원을 개설한다. 그리고 쉬라쿠사이의 참주들을 두 번 더 방문한 것 말고는 연구와 강의와 저술활동에 전념하다가 기원전 347년 아테나이에서 세상을 떠난다.

플라톤은 50년이 넘는 기간에 20편 이상의 철학적 대화편과 소크라테스의 변론 장면을 기술한 『소크라테스의 변론』을 출판했는데, 이것들은 하나도 없어지지 않고 모두 전해오고 있다. 그 밖에 13편의 서한이 있지만 과연 플라톤이 썼는지 논란의 여지가 많다.

그의 저술은 편의상 초기 작품, 중기 작품, 후기 작품으로 구분된다. 초기 대화편은 스승 소크라테스의 철학을 충실하게 기록하고 있고, 후기로 갈수록 소크라테스의 입을 빌려 플라톤 자신의 철학을 말하고 있다고들 이야기한다. 『소크라테스의 변론』(*Apologia Sokratous*), 『크리톤』(*Kriton*), 『이온』(*Ion*) 등으로 대표되는 초기 작품에서는 소크라테스가 주역을 맡아 대담자들이 제시한 견해들을 검토하고 폐기한다. 『프로타고라스』(*Protagoras*), 『메논』(*Menon*), 『파이돈』(*Phaidon*), 『파이드로스』(*Phaidros*), 『국가』(*Politeia*), 『향연』(*Symposion*) 등으로 대표되는 중기 작품에서는 소크라테스가 여전히 주역을 맡고 있지만, 플라톤이 혼불멸론과 이데아(idea)론 같은 자신의 견해를 제시하며 소크라테스의 견해를 해석하고 부연한다. 『정치가』(*Politikos*), 『소피스트』(*Sophistes*), 『필레보스』(*Philebos*), 『티마이오스』(*Timaios*), 『법률』(*Nomoi*) 등으로 대표되는 후기 작품에서는 소크라테스와 함께 혼불멸론과 이데아론이 뒷전으로 물러나고 플라톤의 철학적·논리적 방법론에 관심이 집중되고 있다.

20세기 영국의 철학자 화이트헤드(A. N. Whitehead)는 플라톤이 서양 철학사에 지속적으로 큰 영향을 끼친 것을 두고, 서양 철학사는 플라톤 철학에 대한 각주의 역사라 해도 과언이 아니라는 취지의 말을 한 적이 있는데,* 그의 이런 주장에 이의를 제기하는 사람은 별로 없는 것 같다.

이 번역서는 플라톤의 주요 신화 또는 설화(說話)들을 저술 연대순으로 모아놓은 것이다. 플라톤의 대화편들에는 신화 또는 설화가 많이 나오는데, 그중 일부는 플라톤이 조금 수정하기는 했어도 호메로스나 헤시오도스에게서 볼 수 있는 그리스 전통 신화이고, 일부는 그리스 전통 신화를 바탕으로 플라톤이 창작한 것이다.

플라톤이 대부분의 철학자들과 달리 철학적이고 논리적인 대담

* A. N. Whitehead, *Process and Reality: An Essay in Cosmology*, Corrected Edition (New york: Free Press 1985) p. 39. "The safest general characterization of the European philosophical tradition is that it consists of a series of footnotes to Plato."

(logos)에 공상적이고 비현실적인 신화 또는 설화(mythos)를 그토록 자주 끌어들인 이유는 무엇일까?

첫째, 플라톤은 신들, 영웅들, 먼 과거의 일, 혼(魂)의 심판, 천지창조처럼 논리로 설명할 수 없거나 설명하기 어려운 경우에는 비록 검증할 수 없기는 해도 신화 또는 설화가 가장 효과적인 설득 수단이라고 믿었던 것 같다. 둘째, 플라톤은 인간의 지성은 우주의 지성처럼 전지(全知)할 수는 없지만, 훌륭한 교육과 철학에 힘입어 모든 질병 가운데 최악인 무지(無知)에서 벗어나 인간의 본성이 허용하는 범위 안에서 신화 또는 설화를 통해 간접적으로 진리에 최대한 가까이 접근할 수 있다고 확신했던 것 같다. 다시 말해 플라톤에게는 신화 또는 설화가 인간의 제한된 지적 능력 밖에 있는 것들을 규명할 수 있는 유일한 수단이었던 것이다.

또한 이 번역서에 수록된 '혼의 심판' '저승' '에르의 저승 여행' '날개 달린 혼'은 윤회(輪廻)에 관한 설화로 그의 형상(idea 또는 eidos) 이론이나 상기(想起) 이론과 밀접한 관계가 있는데, 이런 이론들은 설화의 도움을 빌리지 않고는 설명하기 어렵다고 봐야 할 것이다. 그런 의미에서 플라톤은 단순한 설화 이야기꾼이 아니라 철학적인 설화 작가라 해도 지나치지 않을 듯하다.

플라톤의 저술들이 2천 년 넘는 세월을 살아남을 수 있었던 것은 물론 그의 심오하고 체계적인 사상 덕분이겠지만, 그의 사상을 극적인 상황 설정, 등장인물들에 대한 흥미로운 묘사 등으로 재미있고 생동감 있게 독자들에게 전하기 때문일 것이다. 플라톤이 그리스의 최고 산문작가 중 한 사람으로 평가받는 것도 그 때문일 것이다.

나는 더 많은 독자들에게 이런 플라톤을 소개하고자 난해한 직역과 지나친 의역은 피하고, 원전의 의미를 되도록 알기 쉽게 전달하려고 했다. 그러나 플라톤의 말뜻을 정확히 이해하고 난삽한 문장을 읽기 좋은 우리말로 옮기는 것은 결코 쉬운 일이 아니다. 그런 의미에서 더 나은 이해를 위해 플라톤 번역은 끊임없이 시도되어야 할 것이다.

2014년 5월

옮긴이 천병희

주요 연대표

(이 연대표의 연대는 모두 기원전)

469년	소크라테스 태어나다
451년	알키비아데스 태어나다
450년경	아리스토파네스 태어나다
445년경	아가톤 태어나다
431년	아테나이와 스파르테 사이에 펠로폰네소스 전쟁이 벌어지다
427년경	플라톤 태어나다
424년	델리온에서 아테나이군이 패하다
423년	소크라테스를 조롱하는 내용의 아리스토파네스의 희극 『구름』이 공연되다
404년	펠로폰네소스 전쟁이 끝나고 스파르테가 지원하는 '30인 참주'가 아테나이를 통치하다
403년	'30인 참주'가 축출되고 아테나이에 민주주의가 부활하다
399년	소크라테스가 재판을 받고 사형당하다
387년경	플라톤이 아카데메이아 학원을 창설하다
384년	아리스토텔레스 태어나다
347년	플라톤 죽다

차례

일러두기

1. 『파이돈』과 『정치가』의 대본으로는 옥스퍼드 고전 텍스트(Oxford Classical Texts) 중 E. A. Duke/ W. F. Hicken/ W. S. M. Nicoll/ D. B. Robinson의 교열본(1995년)을, 『국가』의 대본으로는 옥스퍼드 고전 텍스트 중 S. R. Slings의 교열본(2003년)을, 나머지 대화편들의 대본으로는 옥스퍼드 고전 텍스트 중 J. Burnet이 교열한 *Platonis Opera* (5 vols.; 1900~1907)를 사용했다.
2. 번역에 사용한 주석과 현대어 번역은 도서출판 숲에서 천병희 번역으로 나온 『소크라테스의 변론/크리톤/파이돈/향연』, 『국가』, 『파이드로스/메논』, 『고르기아스/프로타고라스』에서 이미 밝힌 바 있다. 『정치가』의 현대어 번역으로는 A. E. Taylor (London/New York 1961), B. Jowett (Oxford 1953), H. N. Fowler (Loeb Classical Library 2006), E. Brann/P. Kalkavage/E. Salem (Focus Philosophical Library 2012), C. J. Rowe (Hackett Publishing Company 1997), R. Waterfield (Cambridge University Press 1995), J. B. Skemp (Hackett Publishing Company 1992)의 영역과 F. Schleiermacher (Darmstadt 1974)의 독역과 김태경(한길사 2000)의 우리말 번역을, 『티마이오스』와 『크리티아스』의 현대어 번역으로는 D. Lee (Penguin Classics 1977), R. Waterfield (Oxford World Classics 2008), A. E. Taylor (London/New York 2013), B. Jowett (Oxford 1953), H. N. Fowler (Loeb Classical Library 1929)의 영역과 F. Schleiermacher (Darmstadt 1974)의 독역을, 『티마이오스』의 현대어 번역으로는 F. M. Cornford (London/New York 1959), P. Kalkavage (Focus Philosophical Library 2001), D. J. Zeyl (Hackett Publishing Company 1997)의 영역과 박종현/김영균(서광사 2000)의 우리말 번역을, 『크리티아스』의 현대어 번역으로는 D. Clay (Hackett Publishing Company 1997)의 영역과 이정호('정암학당 플라톤 전집' 중에서 2007)의 우리말 번역을 참고했다.
3. 플라톤에 관한 자세한 참고문헌은 R. Kraut(ed.), *The Cambridge Companion to Plato*, Cambridge University Press 1992, 493~529쪽과 C. Schäfer(Hrsg.), *Platon-Lexikon*, Darmstadt 2007, 367~407쪽을 참고하기 바란다.
4. 본문의 좌우 난외에 표시되어 있는 321a, b, c 등은 이른바 스테파누스(Stephanus, Henricus 프랑스어 이름 Henri Estienne, 16세기의 프랑스 출판업자) 표기를 따른 것으로 아라비아숫자는 쪽수를, 로마자는 문단을 나타낸다. 플라톤의 그리스어 텍스트와 주요 영어 번역, 독어 번역, 프랑스어 번역 등에서는 반드시 스테파누스 표기가 사용되고 있어, 이 표기가 없는 텍스트나 역서는 위치를 확인할 수 없어 참고 서적으로서의 가치가 거의 없다고 해도 과언이 아니다.
5. 설명이 필요하다고 생각되는 부분에는 주석을 달았다.

미덕의 기원

『프로타고라스』(320c~323a)에서

320c **소크라테스**[1] 옛날에는 신들만 있고 필멸의 종족들은 아직 존재하
d 지 않았소. 그러나 이들 역시 태어나도록 정해진 시간이 다가왔을
때 신들은 땅속에서 흙과 불과, 흙과 불이 혼합된 것들을 섞어서
이들을 빚기 시작했소. 그리고 신들이 이들을 햇빛이 비치는 곳으
로 인도하려고 했을 때 프로메테우스와 에피메테우스[2] 형제에게
명하여 각각의 종류에게 필요한 능력을 배분하고 갖춰주게 했소.
그러자 에피메테우스가 그 일을 자기가 할 수 있게 해달라고 프로
메테우스에게 간청하며 말했소. "내가 배분하고 나면 형님은 검사
나 하시지요." 그래서 프로메테우스가 동의하자 에피메테우스가
능력을 배분했소.

그는 어떤 동물들에게는 힘은 나눠주되 민첩함은 주지 않았고,
e 더 약한 동물들에게는 민첩함을 주었소. 어떤 동물들에게는 발톱
이나 뿔을 주었고, 그런 무기가 없는 동물들에게는 살아남을 수

있도록 다른 능력을 생각해냈소. 그가 몸집을 작게 만든 동물들은 날아서 도망칠 수 있게 날개를 주었고, 몸집을 크게 만든 동물들은 큰 몸집 자체가 그들을 구원할 수 있게 해주었지요. 그는 다 321a
른 능력들도 이처럼 서로 균형을 이루도록 배분했소. 에피메테우스가 이렇게 한 것은 어떤 종도 멸종하지 않게 하기 위해서였소. 그는 일단 동물들이 서로 죽이지 못하도록 충분한 수단을 강구하고 나서 제우스께서 보내주시는 사계절을 맞아 편안하게 살 수 있는 방법을 생각해냈으니, 동물들에게 두꺼운 모피 외투나 단단한 가죽을 입혀 이것들이 겨울 추위와 여름 더위를 막을 수 있게 했을뿐더러 자려고 누울 때는 각자에게 저절로 침구가 되게 했소. 그리고 그는 어떤 동물들에게는 발굽이, 어떤 동물들에게는 피가 b
나지 않는 두꺼운 피부가 신발 역할을 하게 했소. 그러고 나서 그는 동물들에게 서로 다른 양식을 제공했는데 어떤 동물들에게는 땅에서 나는 풀을, 다른 동물들에게는 나무 열매를, 또 다른 동물들에게는 뿌리를 주었소. 그는 또한 어떤 동물들은 다른 동물들을 잡아먹고 살게 했지만 대신에 이런 포식자들은 새끼를 적게 낳게 했으며, 반면에 포식자들에게 잡아먹히는 동물들은 새끼를 많

1 이 글은 프로타고라스가 한 말을 소크라테스가 전하는 형식이다.

2 프로메테우스(Prometheus '사전에 생각하는 자')와 에피메테우스(Epimetheus '사후에 생각하는 자')는 티탄 신족 가운데 한 명인 이아페토스(Iapetos)의 아들들이다.

이 낳게 하여 이런 다산(多産) 덕분에 살아남게 했소.

그런데 에피메테우스는 그다지 지혜롭지 못해서 자신이 배분할
수 있는 능력들을 그런 줄도 모르고 이성 없는 동물들에게 다 써
c 버렸소. 그래서 인간 종족만이 아무것도 갖추지 못한 채 남게 되
자 그는 어찌할 바를 몰라 했소. 그리하여 그가 대책 없이 그곳에
앉아 있는데, 어떻게 배분했는지 프로메테우스가 검사하러 와서
보니 다른 동물들은 모든 것을 잘 갖추고 있는데 인간은 벌거벗고
신발도 없고 침구도 없고 무기도 없었소. 게다가 인간도 땅속에서
햇빛이 비치는 곳으로 나오도록 정해진 날이 이미 다가와 있었소.
프로메테우스는 인간이 살아남을 수 있는 방도를 강구할 수 없어
d 헤파이스토스[3]와 아테나[4]에게 속하는 기술에 관한 지식을 불과
함께 훔쳐냈소. (불 없이는 어느 누구도 그런 지식을 가지거나 이
용할 수 없으니까.) 그리고 그는 그것들을 인간에게 주었소. 그리
하여 인간은 생존을 위한 지식은 얻었지만 국가를 경영하는 기술
은 아직 얻지 못했소. 그것은 제우스의 소관인데, 프로메테우스는
제우스의 성채로 들어갈 시간 여유가 없었고 게다가 제우스의 경
호원들[5]은 무시무시했으니까. 그러나 그는 아테나와 헤파이스토
e 스가 공동으로 기술을 연마하는 작업장으로 몰래 들어가 헤파이
스토스의 불을 사용하는 기술과 아테나에 속하는 그 밖의 다른
여러 가지 시술을 훔쳐내 인간에게 주었소. 그날 이후 인간에게는
322a 생계수단이 넉넉해졌지만, 전해오는 이야기에 따르면 프로메테우
스는 훗날 절도죄로 처벌받았다고 하오.[6] 그리고 이 모든 것이 에

피메테우스 탓이라오.

그리하여 신들에게 주어진 것들에 부분적으로 참여하게 된 인간은 첫째, 신과 친족관계[7]가 되고 동물들 중에서 유일하게 신을 믿게 되어 제단을 세우고 신상(神像)을 만들기 시작했소. 이어서 인간은 곧 자신의 기술로 목소리를 분절하여 사물들의 이름을 지어냈고, 집과 옷과 신발과 침구 만드는 법과 대지에서 식량 구하는 법을 터득했소.[8] 이런 이점들을 갖추게 된 인간은 처음에는 여기저기 흩어져 살았고, 도시 같은 것은 없었소. 그래서 모든 면에 b
서 더 허약한 인간을 야수들이 도륙했소. 인간의 실용적인 기술은 양식을 구하는 데는 충분했지만 야수와 싸우는 데는 충분하지 못했소. 인간에게 국가를 경영하는 기술은 아직 없었는데, 전쟁의 기술은 이 기술의 일부니까. 그래서 인간은 함께 모여 공동체를 건설함으로써 자신을 구하려 했지만, 함께 모일 때마다 인간은 국가를 경영하는 기술이 없어 서로 불의한 짓을 했소. 그래서 인간은

3 헤파이스토스(Hephaistos)는 그리스 신화에서 불과 금속공예의 신이다.

4 아테나(*Athena*)는 전쟁과 직조와 도예와 올리브 재배의 여신이다.

5 힘과 폭력. 헤시오도스(Hesiodos)의 『신들의 계보』(*Theogonia*) 383~403행, 아이스퀼로스(Ais-chylos)의 『결박된 프로메테우스』(*Prometheus desmotes*) 12행 참조.

6 헤시오도스, 『신들의 계보』 521~525행. 최고신 제우스(*Zeus*)는 프로메테우스를 높은 산꼭대기에 사슬로 묶어둔 다음 독수리를 보내 그의 간을 쪼아 먹게 했다.

7 헤시오도스는 『일과 날』(*Erga kai hemerai*) 108행에서 "신들과 필멸의 인간들은 한곳에서 태어났다"고 말하고 있다.

8 여기에는 농업 외에 수렵과 채집도 포함되는 것 같다.

c 도로 흩어졌고 다시 도륙되기 시작했소. 그래서 제우스는 우리 인
간 종족이 완전히 멸종하지나 않을까 두려워서 헤르메스[9]를 인간
에게 보내 염치[10]와 정의[11]를 가져다주게 했는데, 공동체를 구성하
고 우애를 맺는 데 이것들이 원칙이 되게 하기 위해서였소. 그래서
헤르메스는 인간에게 어떤 방식으로 염치와 정의를 나눠주어야
하는지 제우스에게 물었소. "이것들을 전문기술을 나눠주던 식으
로 나눠줄까요? 전문기술인 의술은 한 명이 많은 문외한에게 충
분히 나눠줄 수 있게끔 하였고, 이는 다른 장인들의 경우도 마찬
가지였어요. 정의와 염치도 인간에게 그런 식으로 나눠줄까요, 아
d 니면 모든 인간에게 나눠줄까요?" "모든 인간에게 나눠주라"고 제
우스가 말했소. "모든 인간이 나눠 갖게 하라. 다른 기술들처럼 정
의와 염치가 소수의 것이 되면 국가가 생길 수 없을 테니까. 그리
고 염치와 정의를 나눠 가질 수 없는 자는 공동체의 역병으로 간
주하여 죽여 없애야 한다고 내 이름으로 법으로 정하라." 소크라
테스, 그래서 목공일이나 그 밖의 다른 전문기술에서 어떻게 하
는 것이 최선인지 논의할 때 사람들은, 그중에서도 특히 아테나이
인들은 소수의 사람들만이 조언할 자격이 있다고 생각하는 것이
e 라오. 이들 소수의 사람들 말고 다른 사람이 조언을 하면 그들은
그대가 지적했듯이 받아들이지 않는데, 내 생각에 그것은 당연하
오. 그러나 어떻게 해야 훌륭한 시민이 될 수 있는가 하는 문제를
323a 논의할 때는 이런 논의가 전적으로 정의와 절제에 기초해야 하는
만큼 그들은 아무에게나 자문을 받는데, 이는 당연한 일이라오.

그들은 훌륭한 시민이 되는 것은 만인의 의무이고, 그렇지 않으면 국가가 존재할 수 없을 것이라고 생각한다오.

9 헤르메스(Hermes)는 그리스 신화에서 신들의 전령이다.

10 aidos.

11 dike.

혼의 심판

『고르기아스』(523a~527a)에서

523a **소크라테스** 이제 사람들 말마따나,[1] 재미있는 이야기를 들어보게.
자네는 아마 이 이야기를 설화[2]로 여기겠지만, 나는 실화[3]로 여긴
다네. 나는 내가 이야기하려는 것이 사실이라 믿고 이야기하는 것
이니까. 호메로스가 전하는 바에 따르면,[4] 제우스와 포세이돈과
플루톤은 아버지한테 물려받은 통치권을 서로 나누어 가졌다고
하네. 그런데 크로노스가 통치할 때는 인간들과 관련하여 한 가지
법이 있었는데, 신들께서 오늘날까지도 승인하시는 그 법이란 다
b 름 아니라 올바르고 경건한 삶을 산 사람들은 죽은 뒤 축복받은
사람들의 섬들[5]에 가서는 고통에서 벗어나 완전한 행복 속에 살
게 되지만, 불의하고 신을 부인하는 삶을 산 사람은 타르타로스[6]
라 불리는 응보와 심판의 감옥으로 가게 된다는 것이네. 크로노스
시대와 제우스가 권력을 장악한 초기에는 각자 생을 마감하게 되
어 있는 날 살아 있는 인간들을 살아 있는 심판관들이 심판했는

데, 그래서 판결이 제대로 내려지지 못했네. 그러자 플루톤과 축복받은 사람들의 섬들의 감독관들이 제우스를 찾아가 그럴 자격이 없는 인간들이 자기들 영역으로 온다고 말했네. 그러자 제우스 c
가 말했네. "그런 일이 일어나지 못하도록 내가 조치를 취하겠소. 지금 판결이 제대로 내려지지 않는 것은 심판받는 인간들이 살아서 심판을 받는지라 옷을 입고 심판받기 때문이오. 그래서 혼이 타락한 수많은 인간들이 아름다운 몸과 좋은 가문과 부(富)를 입고 있고, 게다가 그들이 심판받을 때는 수많은 증인이 나서서 그들이 올바르게 살았노라 증언하오. 이런 것들이 모두 심판관들에게 d
영향을 미치오. 게다가 심판관들 자신도 옷을 입고 있소. 그들의 혼은 눈과 귀와 몸 전체에 둘러싸여 있다는 말이오. 그리고 이 모든 것이, 즉 그들 자신이 입고 있는 것도 심판받는 자들이 입고 있는 것도 장애물이 된다오. 그러니 먼저" 하고 제우스가 말을 이었네. "자신들이 죽을 날을 그들이 미리 알지 못하게 해야 하오. 지

1 '옛날 옛적에'처럼 이야기를 시작할 때 관행적으로 사용하는 문구이다.

2 mythos.

3 logos.

4 호메로스(Homeros), 『일리아스』(*Ilias*) 15권 187~193행. 아버지 크로노스(Kronos)를 권좌에서 축출하고 제우스는 하늘을, 포세이돈(Poseidon)은 바다를, 하데스(Hades 일명 플루톤Plouton)는 저승을 차지한다.

5 makaron nesoi. 고대 그리스인들은 그곳이 대지 서쪽 끝에 있다고 믿었다.

6 타르타로스(Tartaros)는 특히 신에게 죄를 지은 자들이 수감되는 지하 가장 깊은 곳에 있는 감옥이다.

금은 그들이 미리 알기에 하는 말이오. 그들에게서 그런 능력을
e 박탈하라고 내 이미 프로메테우스[7]에게 일러두었소. 다음으로 그들은 입은 것을 모두 벗고 심판받아야 하오. 그들은 죽은 뒤에 심판받아야 한단 말이오. 심판이 공정하려면 심판관 역시 걸친 것을 벗어야, 즉 죽은 뒤라야 하오. 각자가 죽어서 모든 친척들과 헤어지고 앞서 말한 장식들을 모두 지상에 남겨두고 떠난 직후 심판관이 자신의 혼 자체로 죽은 자의 혼 자체를 관찰할 수 있으려면 말이오. 실은 나는 이 모든 것을 그대들보다 먼저 알고 내 세 아들을 재판관으로 임명해두었는데, 그중 두 명, 즉 미노스[8]와 라다만
524a 튀스는 아시아 출신이고, 한 명, 즉 아이아코스[9]는 에우로페[10] 출신이오. 그들은 죽은 뒤 세 갈래 길이 만나는 초원[11]에서 심판할 것인데, 그중 한 갈래는 축복받은 사람들의 섬들로 가는 길이고 다른 한 갈래는 타르타로스로 가는 길이오. 아시아에서 온 자들은 라다만튀스가 심판하고, 에우로페에서 온 자들은 아이아코스가 심판할 것이오. 그리고 미노스에게는 다른 두 심판관이 어려움에 봉착할 경우 최종판결을 내릴 수 있는 연장자의 권한이 부여될 것이오. 인간들의 운명에 관한 심판이 최대한 공정할 수 있도록 말이오."

칼리클레스, 이것이 내가 들은 이야기일세. 나는 이 이야기가
b 사실이라고 믿네. 그리고 이 이야기에 근거하여 나는 다음과 같은 일이 일어날 것이라고 생각하네. 내가 보기에 죽음이란 두 가지, 즉 혼과 몸이 서로 분리되는 것 외에 다른 어떤 것도 아닌 것 같

네. 그리고 혼과 몸이 서로 분리되면 이 둘은 저마다 그 사람이 살아 있을 때의 상태를 상당히 유지하네. 몸은 타고난 특징들과 돌봄을 받은 결과물인 속성들과 스스로 경험한 것들을 모두 뚜렷하게 유지하네. 예컨대 본성 덕분이든 양육 덕분이든 두 가지 모두 c
덕분이든, 누군가의 몸집이 크다면 죽은 뒤에도 그의 시신은 크고, 뚱뚱한 사람은 죽어서도 뚱뚱하며, 그 밖의 다른 경우도 마찬가지일세. 또한 누가 머리를 길게 기르는 버릇이 있다면 그의 시신도 머리가 길 것이네. 또한 누가 살아 있을 때 중범(重犯)으로서 매질을 당하거나 가격당해 그 흔적들이 몸에 흉터로 남아 있다면, 그가 죽은 뒤에도 그의 시신에 이런 흔적들이 남는 것을 볼 수 있을 걸세. 또한 누가 살아 있을 때 사지가 부러지거나 뒤틀리면 그가 죽은 뒤에도 똑같은 특징들이 뚜렷하게 나타날 걸세. 한마디로 d

7 프로메테우스는 티탄(Titan) 신족 가운데 한 명인 이아페토스의 아들로, 에피메테우스의 형이다. 그가 불을 훔쳐내 인간들에게 주자 제우스가 크게 노하여 그를 높은 산꼭대기에 사슬로 결박하게 한 다음 독수리를 보내 그의 간을 쪼아 먹게 했다고 한다.

8 미노스(Minos)는 제우스와 에우로페(Europe)의 아들로 크레테(Krete) 섬의 전설적인 입법자이자 왕이다. 라다만튀스(Rhadamanthys)는 미노스와 형제간이다.

9 아이아코스(Aiakos)는 제우스와 요정 아이기나(Aigina)의 아들로 영웅 아킬레우스(Achilleus)의 할아버지이다. 그는 경건하기로 유명했다.

10 Europe. 유럽 대륙.

11 『국가』 614c 참조.

누가 살아 있을 때 지니던 몸의 속성들은 죽은 뒤에도 얼마 동안 전부 아니면 대부분 뚜렷하게 남는다네.

칼리클레스, 이 점은 혼의 경우에도 마찬가지라고 나는 생각하네. 혼이 일단 몸에서 벗어나면 혼의 특징들이 모두 뚜렷하게 드러난다네. 혼의 타고난 특징들뿐만 아니라, 각자의 그때그때 활동을 통해 혼으로 들어온 속성들도. 그리하여 그들이 심판관 앞에
e 도착하여 아시아에서 온 자들이 라다만튀스 앞에 이르면, 라다만튀스는 그들을 그곳에 세우고 그것이 누구의 혼인지 모르고 각자의 혼을 살펴본다네. 그는 종종 페르시아 왕이나 다른 왕이나 권력자를 붙들지만 그자의 혼 안에서 건전한 것은 아무것도 보지 못하고 거짓 맹세와 불의로 인해 그의 혼이 매질을 당해 흉터투성이
525a 인 것을 발견하는데, 이것은 그자의 행위 하나하나가 그의 혼에 남긴 자국일세. 그리고 모든 것이 거짓과 오만으로 왜곡되어 있고 반듯한 것은 아무것도 없는데, 이 모두 그자의 혼이 진실성 없이 양육되었기 때문일세. 그는 또한 방종과 사치와 교만과 무절제한 행위 탓에 그자의 혼이 균형을 잃고 추악해진 것을 보게 될 걸세. 라다만튀스는 어떤 혼이 이런 상태에 있는 것을 보면 치욕스럽게도 즉시 감옥으로 보내버린다네. 그러면 그 혼은 그곳에 가서 자기에게 적절한 고통을 참고 견뎌야 할 걸세.

b 누구든 남에게 처벌받아 마땅한 자에게 적절한 것은 무엇인가? 그것은 처벌받는 사람이 더 나은 사람이 됨으로써 이득을 보거나, 아니면 남들에게 본보기가 되는 것일세. 남들이 그가 고통받

는 것을 보고 두려워서 더 나은 사람이 될 수 있도록 말일세. 신에
의해 처벌받든 인간에 의해 처벌받든 처벌받음으로써 이득을 보
는 사람들은 치유가 가능한 과오를 범한 사람들일세. 하지만 그들
이 이득을 보자면 이승에서나 하데스에서나 괴로움과 고통을 통
해야만 하네. 다른 방법으로는 불의에서 벗어날 수 없기 때문이
지. 반면 남들에게 본보기가 되는 자들은 극악무도한 불의를 저질 c
러 치유가 불가능해진 자들이네. 그들 자신은 치유가 불가능한지
라 이제는 이득을 보지 못하지만, 그들이 죄를 지은 대가로 가장
괴롭고 가장 끔찍한, 극심한 고통을 언제까지고 당하는 것을 봄으
로써 남들은 이득을 본다네. 그들은 새로 그곳에 도착하는 불의
한 자들이 보고 주눅 들라고 그곳 지하 감옥에 구경거리로 매달려
있지.

폴로스가 한 말이[12] 사실이라면, 나는 아르켈라오스[13]야말로 그 d
런 자들 중 한 명이며, 그런 종류의 참주라면 누구나 그와 마찬가
지라고 주장하네. 실제로 나는 이들 본보기들의 대부분은 참주나
왕이나 권력자나 정치가 출신이라고 생각하네. 그들은 가장 끔찍
하고 가장 불경한 범죄를 저지를 수 있고, 실제로 저지르는 자들
이기 때문일세. 호메로스도 이를 증언하고 있네.[14] 하데스에서 영

12 『고르기아스』 471a~c.

13 아르켈라오스(Archelaos)는 왕이 되기 위해 수단 방법을 가리지 않은 흉악무도한 마케도니아(Makedonia)의 독재자이다.

e 원히 벌 받는 자들은 그의 시에서는 탄탈로스, 시쉬포스, 티튀오
스[15] 같은 왕들과 권력자들이니까. 그러나 어떤 시인도 테르시테
스[16]나 사악하지만 사인(私人)이었던 다른 사람을 치유 불가능한
중범으로 그리지는 않았네. 내 생각에 그것은 그가 불의를 저지를
위치에 있지 않았기 때문인 것 같네. 그래서 그는 그런 위치에 있
던 사람들보다 더 행복한 것이라네. 칼리클레스, 실은 극악무도한
526a 자는 힘 있는 사람들 중에서 나온다네. 물론 그런 사람들 중에 훌
륭한 사람이 나지 말라는 법은 없지만 말일세. 그리고 훌륭한 사
람이 난다면 그들이야말로 진심으로 경탄할 만하지. 칼리클레스,
불의를 저지를 기회를 많이 가지고 태어났음에도 평생을 올바르
게 살아간다는 것은 어려운 일이며, 그래서 크게 칭찬받을 만하기
때문이지. 그러나 그런 사람은 많이 나지 않는다네. 그러나 그런
사람들은 이곳 아테나이에도 있었고 다른 곳에도 있었기에, 앞으
로도 틀림없이 나타날 걸세. 누가 무엇을 맡겨도 올바르게 처리할
b 수 있는 그런 미덕을 갖춘 신사(紳士)들[17] 말일세. 실제로 그들 중
한 명인 뤼시마코스의 아들 아리스테이데스[18]는 온 헬라스 땅에
명성이 자자했네. 하지만 여보게, 권력은 대체로 사람들을 타락시
킨다네.

아무튼 내가 앞서 말했듯이 저 라다만튀스가 그런 자를 한 명 붙들면 그자의 이름과 가문은 전혀 몰라도 그자가 사악하다는 것은 안다네. 그는 그것을 보면 그자가 치유 가능한지 아니면 불가능한지 자기 의견을 표명해서 그자를 타르타로스로 보내버린다

네. 그러면 그자는 그곳에 가서 응분의 고통을 당한다네. 그러나 c
그는 때로는 다른 종류의 혼도, 다시 말해 진리와 함께하며 경건하게 살았으며, 공무에 관여하지 않던 어떤 사인(私人)의 또는—

14 호메로스, 『오뒷세이아』(*Odysseia*) 11권 572~600행.

15 탄탈로스(Tantalos)는 프뤼기아(Phrygia) 왕으로 제우스의 아들이자 펠롭스(Pelops)와 니오베(Niobe)의 아버지이다. 그는 신들의 전지(全知)를 시험해보려고 아들 펠롭스를 죽여서 그 살점을 요리해 신들 앞에 내놓는데, 신들이 미리 알고 그것을 먹지 않고 사지를 복원시켜 펠롭스를 살려준다. 탄탈로스는 이 죄로 저승에서 과일나무 밑 물속에 서 있으면서도 영원한 허기와 갈증에 시달리게 된다. 일설에 따르면 탄탈로스는 신들의 사랑을 받아 신들의 식탁에 초대받곤 했는데 거기서 보고 들은 것을 인간들에게 누설한 죄로 그런 가혹한 벌을 받았다고 한다.

시쉬포스(Sisyphos)는 코린토스(Korinthos) 시의 전설적인 건설자이다. 그는 신들을 속이는 등 악행을 일삼다가 저승에 가서 돌덩이를 산꼭대기로 굴려 올리면 산꼭대기에 도착하려는 순간 도로 굴러떨어져 이런 절망적인 작업을 끝없이 반복하는 벌을 받는다.

티튀오스(Tityos)는 대지의 여신 가이아(Gaia)의 거한 아들로 여신 레토(Leto)를 겁탈하려다 그녀의 아들인 아폴론(Apollon)과 딸인 아르테미스(Artemis)에게 살해당한다. 오뒷세우스는 저승에 갔을 때 땅에 큰대 자로 누워 있는 그의 간을 독수리 두 마리가 뜯어 먹는 장면을 목격한다.

16 테르시테스(Thersites)는 트로이아 전쟁에 참가한 그리스인들 가운데 제일 못생긴 험담가로, 사병으로서 총사령관 아가멤논을 비난하다가 오뒷세우스에게 매질을 당한다. 『일리아스』 2권 211~277행.

17 kaloi k'agathoi.

18 아리스테이데스(Aristeides 기원전 530년경~465년)는 뤼시마코스(Lysimachos)의 아들인데, 정직하고 공정한 정치가로 온 그리스에 명성이 자자했다. 그는 마라톤 전투와 살라미스 해전뿐 아니라 기원전 479년의 플라타이아이(Plataiai) 전투 때도 아테나이군을 지휘하여 대승을 거두는 데 일조한다.

칼리클레스, 내가 보기에 다음 가능성이 가장 클 것 같네만—평
생토록 자기 일에 전념하며 남의 일에 참견하지 않던 철학자의 혼
도 만난다네. 그런 일이 일어나면 라다만튀스는 기뻐하며 그를 축
복받은 사람들의 섬들로 보낸다네. 아이아코스도 똑같은 일을 하
는데 둘은 저마다 손에 홀(笏)을 들고 재판한다네. 미노스는 거기
d 앉아 전 재판과정을 지켜보는데 그만이 황금 홀을 들었다네. 호메
로스의 오뒷세우스가 보았다고 주장하는 그대로 말일세.

> 나는 미노스가 황금 홀을 들고 사자(死者)들에게 판결을 내리는 것을 보았소.[19]

칼리클레스, 나는 이 이야기에 설득당했으며, 내 관심사는 어
떻게 하면 심판관에게 내 혼을 최대한 건강한 상태로 보일 것이냐
하는 것일세. 그래서 나는 대부분의 사람들이 추구하는 명예들과
는 작별하고, 진리의 길을 걸으면서 최대한 훌륭한 사람으로 살다
e 가 최대한 훌륭한 사람으로 죽고자 노력하려네. 그리고 나는 힘닿
는 데까지 다른 사람들도 모두 이런 삶과 이런 경쟁에 초청하려네.
자네의 초청[20]에 대한 응답으로 특히 자네를 초청하겠네. 나는 이
런 경쟁이야말로 이승의 어떤 경쟁보다 더 중요하다고 주장하네.
내가 자네를 비판하는 까닭은, 내가 방금 말한 심판과 판결을 받
게 될 때 자네가 자신을 도울 수 없을 것이기 때문일세. 오히려 자
527a 네가 아이기나의 아들인 재판관 앞으로 나아가고 그가 자네를 붙

들고 끌고 가면, 내가 이승에서 그랬던 것 못지않게 자네는 저승에서 어지러워 입을 딱 벌릴 걸세. 어쩌면 자네는 누군가에게 따귀를 맞고 개망신을 당할지도 모르지.

19 『오뒷세이아』 11권 569행.

20 『고르기아스』 485e 참조. 소년시절에는 철학 공부를 하되 청장년이 되면 철학 공부는 그만두고 실무(實務)를 익혀야 한다는 주장을 말한다.

자웅동체

『향연』(189c~193e)에서

189c 그러자 아리스토파네스[1]가 말했대. “에뤽시마코스, 아닌 게 아니
라 나는 자네나 파우사니아스와는 좀 다르게 말할 작정이네. 인간
들은 에로스가 얼마나 강력한지 아는 데 완전히 실패한 것 같아.
그것을 안다면 인간들은 그분을 위해 가장 규모가 큰 신전과 제단
을 지어드리고 가장 성대한 제사를 지내드렸을 텐데, 지금 그분을
위해 그런 일은 전혀 일어나지 않으니 말일세. 그분이야말로 다른
d 어느 신보다 그런 것들을 받을 자격이 있다네. 그분은 신들 가운
데 인간들을 가장 사랑하여 도와주시고, 그것의 치유가 곧 인류
에게 최고의 행복이 될 수밖에 없는 병들을 고쳐주시니 말일세.
그분이 얼마나 강력한지 내가 자네들에게 설명해볼 테니 자네들
은 다른 사람들에게 가르쳐주게. 자네들은 먼저 인간의 본성이 처
음에 어떠했으며 어떤 변화를 겪었는지 알아야 하네. 옛날에는 우
리의 본성이 지금과 같지 않고 판이했으니까 말일세. 처음에 인간

의 성(性)은 셋이었고 지금처럼 남성과 여성 이렇게 두 성만 있었
던 것이 아닐세. 이 두 성의 결합체인 세 번째 성도 있었는데, 지금 e
은 이름만 남아 있고 그 자체는 사라져버렸네. 당시에는 남녀추니
가 이름으로만 존재하는 것이 아니라 남성과 여성을 다 갖춘 실체
로 존재했으니 말일세. 지금은 비록 이름만 남아 욕설로 쓰이고
있지만.[2] 둘째, 개개인의 형태는 등과 옆구리가 둥글어 완전한 원
형을 이루고 있었네. 그들에게는 각각 네 개의 팔과 같은 수의 다
리가 있었고, 원통형의 목 위에는 모든 점에서 닮은 두 개의 얼굴 190a
이 자리 잡고 있었네. 상반된 방향을 향하고 있는 두 얼굴 사이에
는 머리 하나가 있었네. 귀는 넷이고, 생식기는 둘이며, 몸의 나머
지 부위들도 내가 앞서 말한 것에서 유추할 수 있게끔 배열되어 있
었네. 그들은 지금의 우리처럼 똑바로 서서 어느 쪽이든 원하는
방향으로 걸어갔고, 달리기를 시작할 때는 당시 갖고 있던 여덟 개
의 팔다리로 땅바닥을 디디며 재빨리 빙글빙글 굴러갔는데, 마치
곡예사가 두 다리를 쫙 펴고는 빙빙 돌며 옆으로 재주넘기를 할 때
와도 같았네. 그들이 세 종류로 나뉘고 세 종류가 그러했던 까닭
은, 남성은 원래 해에서 태어났고, 여성은 대지에서 태어났으며, b

1 아리스토파네스(Aristophanes 기원전 445년경~385년경)는 아테나이(Athenai)의 희극작가이다. 작품으로는 『구름』(*Nephelai*), 『벌』(*Sphekes*), 『평화』(*Eirene*), 『새』(*Ornithes*), 『뤼시스트라테』(*Lysistrate*), 『개구리』(*Batrachoi*)등 11편이 남아 있다.

2 남녀추니 또는 어지자지란 말은 겁쟁이라는 뜻으로도 쓰였다.

남녀추니는 달에서 태어났기 때문일세. 달은 해와 대지에 모두 관
여하지 않는가. 그들의 몸이 둥글고 그들이 회전운동을 하는 것은
그들이 부모를 닮았기 때문이네. 그들은 힘과 정력이 엄청난 데다
자부심이 대단하여 신들마저 공격하려 했네. 호메로스는 에피알
테스와 오토스[3]가 신들을 공격하려고 하늘에 오르려 했다고 말
c 하는데,[4] 이는 사실은 그들을 두고 한 말일세. 그래서 제우스와 다
른 신들은 그들을 어떻게 처리해야 할지 논의했지만 별로 뾰족한
수가 없었네. 신들은 기가스[5]족을 벼락으로 쓸어버렸듯이 이들 인
간 종족을 죽일 수도 없었고—그랬다가는 인간 종족이 신들에게
바치는 경의와 제물도 함께 사라져버릴 테니까—이들의 방종을
묵인할 수도 없었기 때문이네. 제우스께서 장고 끝에 다음과 같이
말씀하셨네. '인간들이 계속해서 존재하되 더는 못된 짓을 못하도
d 록 그들을 약하게 만들 방도가 있는 것 같소. 지금 나는 그들 각자
를 두 쪽으로 나눌 것인즉, 그렇게 되면 그들은 지금보다 약해질
뿐만 아니라 수가 늘어나 우리에게 더 쓸모 있게 될 것이오. 그리
고 그들은 두 다리로 직립보행하게 될 것이오. 그러나 그들이 여전
히 방종을 일삼으며 얌전하게 굴지 않는다 싶으면 나는 이번에도
다시 그들 각자를 두 쪽으로 나눌 것인즉, 그렇게 되면 그들은 한
발로 깡충깡충 뛰며 돌아다니게 될 것이오.' 이렇게 말씀하시고 제
우스께서 인간들 각자를 두 쪽으로 나누니, 마치 사람들이 저장
e 하기 전에 마가목 열매를 자르거나 머리카락으로 달걀[6]을 자를 때
와도 같았네. 제우스께서는 그들 각자를 자르고 나서 아폴론을

시켜 얼굴과 목의 반쪽을 잘린 쪽으로 돌려놓게 했으니, 인간들이 자신의 잘린 모습을 보고는 앞으로는 더 절도 있게 행동하도록 하기 위해서였네. 그 밖에도 그분께서는 아폴론을 시켜 인간들을 치료하게 해주셨네. 그러자 아폴론이 얼굴을 돌려놓고는 마치 주머니를 끈으로 졸라매듯, 지금은 배[腹]라고 불리는 부위로 사방에서 살갗을 끌어당기더니 배 한가운데에 주둥이 하나를 내고 한데 묶었는데, 바로 이 주둥이가 배꼽이라 불린다네. 그리고 아폴 191a
론은 대부분의 주름을 펴서 갖바치가 구둣골 위에 가죽을 대고 주름을 펼 때 쓰는 것과 같은 연장으로 가슴을 만들며 배와 배꼽 주위에 주름을 약간 남겨놓았는데, 우리가 전에 어떤 일을 당했는

3 에피알테스(Ephialtes)와 오토스(Otos)는 알로에우스(Aloeus)의 거한(巨漢) 아들들인데, 올륌포스 산에 올라 신들을 공격하려다가 제우스의 벼락에 맞아 죽는다.

4 『일리아스』 5권 385행 이하, 『오뒷세이아』 11권 305행 이하 참조.

5 기가스(Gigas 복수형 Gigantes)족은 우라노스(Ouranos)가 아들 크로노스에게 남근이 잘릴 때 그 피가 대지에 쏟아져 잉태된 거한들로, 신과 인간이 동시에 공격해야만 죽일 수 있었다. 이 가운데 몇 명은 지상에 있는 한 죽일 수 없었다고 한다. 엄청나게 힘이 센 데다 다리가 거대한 뱀으로 되어 있는 이 털북숭이 괴물들은, 제우스가 티탄 신족을 10년 전쟁 끝에 지하 감옥 타르타로스에 가두자 티탄 신족의 어머니인 대지의 여신이 이를 원망하여 제우스를 혼내주려고 낳은 자식들이다. 이들에 관한 전설은 주로 이들이 올륌포스 신들과 치른 전쟁(Gigantomachia)과 관련이 있다. 올륌포스 신들은 처음에는 이들에게 고전했으나, 제우스와 아테네의 분전과 헤라클레스의 협력 덕분에 이들을 제압하는 데 성공한다.

6 삶은 달걀. 제우스에게는 조금도 힘든 일이 아니었다는 뜻이다.

지 상기시키기 위해서였네. 그들의 본래 모습이 둘로 잘리자 각각의 반쪽은 다른 반쪽이 그리워 만나려 했네. 그래서 그들은 서로 부둥켜안고 한 몸이 되기를 원했고, 서로 떨어져서는 아무것도 하
b 려 하지 않았기에 결국 굶어 죽거나 무기력해져서 죽어가기 시작했네. 또한 두 반쪽 가운데 어느 하나가 다른 반쪽을 남기고 죽으면 남은 반쪽은 또 다른 반쪽을 찾아내어 부둥켜안았는데, 자기가 만난 것이 전체가 여자였던 것의 반쪽(이것을 우리는 지금 여자라고 부르네)인지 아니면 전체가 남자였던 것의 반쪽인지는 개의치 않았네. 그렇게 그들은 멸망해가고 있었네. 그러자 제우스께서 그들을 불쌍히 여겨 다른 방도를 강구했으니, 그들의 음부를 앞으로 옮겨놓았던 것이네. 그때까지 그들은 음부도 바깥쪽에 있
c 었으며, 서로 교합하여 씨를 뿌리고 자식을 낳는 게 아니라 매미처럼 땅속에 씨를 뿌렸으니 말일세. 그래서 제우스께서는 음부를 앞으로 옮겨놓아 남자에 의해 여자의 몸속에서 생식이 가능하도록 만드신 것이지. 이는 남자가 여자를 만나 포옹하면 자식을 낳아 종족을 유지할 수 있게 하고, 남자가 남자와 포옹하면 성욕이라도 충족시킴으로써 숨을 돌린 뒤 하던 일로 되돌아가고 다른 삶을
d 돌볼 수 있게 하려는 것이지. 그래서 인간들은 먼 옛날부터 서로 사랑하고 싶어 하는데, 이는 모든 인간에게 내재하는 사랑이 둘을 하나로 만들고 인간의 상처를 치유함으로써 인간이 본성을 되찾게 해주기 때문이지. 이렇듯 우리 각자는 넙치처럼 잘려 하나가 둘이 된 만큼 온전했던 한 인간의 부절(符節)이며, 그래서 저마다

늘 자신의 부절을 찾는 것이라네. 남자들 가운데 그때 남녀추니라
고 불렸던 양성 결합체에서 잘려나온 자들은 여자를 밝히며, 간
통하는 남자들은 대부분 이 족속 출신이라네. 마찬가지로 남자를
밝혀 간통하는 여인들도 이 족속 출신이지. 그러나 여자에게서 잘 e
려나온 여자들은 남자들에게는 별로 관심이 없고 오히려 여자들
에게 마음이 쏠리는데, 여성 동성애자들은 이 족속 출신이라네.
반면 남자에게서 잘려나온 남자들은 남성 지향적이네. 그들은 소
년일 동안에는 남자의 토막인 만큼 남자가 좋아 남자들과 동침하
고 남자들에게 안기기를 즐긴다네. 이들이야말로 타고난 본성이 192a
가장 남성적인 만큼 가장 훌륭한 청소년들일세. 어떤 사람들은 그
들이 파렴치하다고 말하지만 그건 사실이 아니라네. 그들이 그러
는 이유는 자신들의 동류(同類)를 반기는 만큼 파렴치해서가 아니
라, 대담하고 용감하고 남성적이기 때문일세. 그 유력한 증거로,
이런 소년들만이 장성했을 때 진정한 정치가가 된다는 사실을 들
수 있네. 그래서 성년이 되면 그들은 연동의 연인이 되고, 결혼과 b
출산에는 본성적으로 관심이 없으며, 다만 관습의 강요를 받아 그
렇게 할 뿐이라네. 그들은 평생 결혼하지 않고 동거하는 것으로
만족한다네. 그런 사람은 언제나 동류를 반기는 만큼 연동을 사
랑하는 연인이 되고 연인을 사랑하는 연동이 될 것이네. 그래서
소년을 사랑하는 연인이든 그 밖의 어느 누구든 자신의 반쪽을 만
나게 되면 놀라운 일이 벌어지는데, 그 순간 이 한 쌍은 호감과 친
근감과 애정에 압도된 나머지 말하자면 한순간도 서로 떨어져 있 c

고 싶어 하지 않는다네. 그러면서 그들은 평생을 함께하지만 자기
가 상대방에게 바라는 것이 무엇인지는 설명하지 못한다네. 그들
이 바라는 것은 성생활뿐이라고, 단지 성생활 때문에 각자가 상대
방과 함께하기를 그토록 열망하는 것이라고는 아무도 생각하지
않을 것이네. 각자의 혼은 분명 뭔가 다른 것을 원하지만 표현하지
는 못하고, 원하는 바를 어렴풋이 예감하며 수수께끼 같은 말을
d 하는 것이라네. 그들이 함께 누워 있을 때 헤파이스토스[7]가 그들
을 굽어보고 자신의 연장들[8]을 가리키며 '인간들이여, 너희가 서
로에게서 원하는 게 뭐지?'라고 묻는다고 가정해보게. 그들이 대
답하지 못하자 헤파이스토스가 다시 '밤에도 낮에도 서로 떨어지
지 않고 최대한 함께하는 것이 너희가 원하는 바냐? 그게 너희가
e 원하는 바라면 내가 너희를 녹여 하나로 접합해주마. 너희가 살아
있는 동안에는 둘이 하나가 되어 하나의 개체로서 하나의 삶을 살
다가, 죽게 되면 하나의 죽음을 죽어 저승에 가서도 둘이 아닌 하
나가 되도록 말이다. 이것이 너희가 진심으로 원하는 바인지, 그렇
게만 된다면 너희가 만족하겠는지 살펴보도록 하라'고 말한다고
가정해보게. 이런 제의를 듣고 거절하거나 다른 것을 원하는 것으
로 밝힐 사람은 분명 아무도 없을 걸세. 간단히 말해 각자는 자기
가 그동안 늘 원하던 바를 제의받았다고 생각할 것이네. 자기가
사랑하는 사람과 하나로 결합되고 용해되어 둘이 하나가 되는 것
말일세. 그 이유는 내가 앞서 말했듯이, 우리는 본래 완전한 전체
였기 때문이네. 그리고 '사랑'이란 완전한 전체가 되고 싶어 하는

우리의 욕구에 붙여진 이름이라네. 내가 말했듯이, 우리는 전에는 193a
하나였지만 지금은 죄를 지어 신에 의해 흩어져 살고 있네. 마치 아르카디아인들이 라케다이몬인들에 의해 흩어져 살듯이 말일세.[9] 그러니 우리가 신들에게 얌전하게 굴지 않으면 다시 반쪽으로 쪼개져 비석에 부조(浮彫)된 형상들처럼 코를 중심으로 잘려서는 부절로 쓰기 위해 반쪽으로 나뉜 주사위[10] 꼴이 되어 돌아다니게 되지 않을까 두렵네. 그래서 우리는 매사에 신에게 경의를 표하도
록 모든 사람을 격려해야 하네. 우리가 에로스의 지도와 지휘를 b
받아 그런 운명을 피하고 다시 완전한 전체가 되도록 말일세. 아무도 에로스에게 대항해서는 안 되며, 에로스에게 대항하는 자는 누구든 신들에게 미움받기 마련이네. 우리가 그분과 친구가 되고 화해한다면 평생 사랑할 상대를 찾아내어 만나게 될 텐데, 그것은 요즘 세상에는 드문 일일세. 에뤽시마코스는 내가 파우사니아스와 아가톤[11]을 염두에 두고 이런 말을 한다고 여기고 내가 한 말을

7 헤파이스토스는 불과 대장장이 신이다.

8 모루, 풀무, 부젓가락, 망치 따위.

9 기원전 385년 스파르테(Sparte)인들은 아르카디아(Arkadia) 지방의 만티네이아(Mantineia) 시를 파괴하고 그곳 주민들이 뿔뿔이 흩어져 살게 했는데, 만약 아리스토파네스가 이 사건을 언급한 것이라면 일종의 시대착오이다. 아가톤(Agathon)의 집에서 축하 잔치가 벌어진 것은 그보다 이른 기원전 416년이기 때문이다.

10 주사위는 부절로 사용되기도 했다.

11 파우사니아스(Pausanias)와 아가톤은 연인과 연동 사이였다.

c 우스갯소리로 여기지 말아주게. 그 두 사람은 어쩌면 소수의 행운
아에 속하고 본성적으로 남자일 수도 있겠지. 그러나 나는 남녀
불문하고 모든 인간에 대해 말하고 있으며, 내가 말하고자 하는
바는 인류가 행복해지려면 우리가 완전한 사랑을 찾아내고 저마
다 평생 사랑할 상대를 만나 본래의 상태를 회복하는 길밖에 없다
는 것이네. 그것이 우리의 이상이라면, 그 이상에 되도록 가까이
다가가는 것이 당연히 현재 상황에서 최선의 선택이 될 텐데, 그것
은 바로 마음에 꼭 드는 연동을 만나는 것일세. 그리고 그런 연동
을 만나게 해주는 신을 찬미해야 한다면 우리는 당연히 에로스를
d 찬미해야 할 것이네. 그분께서는 현재도 우리를 우리에게 속하는
것으로 인도함으로써 우리에게 가장 큰 덕을 베푸실 뿐 아니라,
미래에도 우리가 신들을 경배하면 그분께서는 우리가 원래 상태
를 회복하게 해주시고 우리를 치유하여 지복(至福)을 누릴 수 있
게 해주실 것이라는 희망을 불어넣어주시기 때문이네."

"에뤽시마코스, 이것이" 하고 아리스토파네스가 말을 이었네.
"에로스에 관한 내 발언일세. 자네 발언과 다르긴 하지만. 아까 부
탁했듯이, 자네는 내 발언을 웃음거리로 만들지 말아주게. 우리
e 는 남은 사람들이—그보다는 두 사람이라고 해야겠지. 아가톤과
소크라테스 선생님만 남았으니까—저마다 무슨 말을 하는지 들
어보고 싶으니까 말일세."

에로스의 탄생

『향연』(201d~212c)에서

201d “내[1] 이제 자네를 놓아주고, 내가 전에 만티네이아[2] 여인 디오티마[3] 한테서 들은 에로스 이야기를 들려주겠네. 그녀는 사랑뿐만 아니라 다른 많은 분야에도 해박했는데, 한번은 아테나이인들로 하여금 미리 제물을 바치게 하여 역병(疫病)의 내습을 10년 동안이나 늦출 수 있었지. 바로 그녀가 나에게도 사랑에 관해 가르쳐주었다네. 내가 그녀에게서 들은 이야기를 자네들에게 처음부터 끝까지 들려주도록 하겠네. 나와 아가톤 사이의 합의사항을 준수하되 내
e 나름대로 최선을 다해서 말일세. 아가톤, 자네가 그랬듯이 나도 먼저 에로스가 누구이며 어떤 분인지 말하고 나서, 그다음에 그분이 하는 일이 무엇인지 설명해야 할 것 같네. 그렇게 하자면 그날 이방(異邦)에서 온 그 여인이 꼬치꼬치 캐물으며 내게 해준 이야기를 그대로 들려주는 것이 가장 쉬운 방법인 것 같네. 나는 그녀에게 에로스는 위대한 신이라는 둥, 에로스는 아름다운 것들에

대한 사랑이라는 둥 방금 아가톤이 내게 말한 것과 같은 말을 했고, 그녀는 내 논리에 따르면 에로스는 아름답지도 않고 좋지도 않다며 내가 아가톤을 논박할 때 써먹던 것과 같은 논리로 내 말을 반박했으니 말일세.

그래서 내가 말했지. '디오티마, 무슨 말을 하는 거요? 그렇다면 에로스는 추하고 나쁘단 말인가요?'

그러자 그녀가 말했네. '그런 말을 하다니! 혹시 그대는 아름답지 못한 것은 필연적으로 추하다고 생각하는 것인가요?'

'그야 물론이지요.' 202a

'그럼 지혜롭지 못한 것은 무지한가요? 그대는 지혜와 무지 사이에 무엇인가가 있다는 것을 깨닫지 못했나요?'

'그게 뭐지요?'

그러자 그녀가 말했네. '옳은 의견을 갖고 있지만 합리적으로 설명하지 못하는 것이지요. 그대도 알다시피, 그것은 아는 것도 아니고—합리적으로 설명하지 못하는 것이 어찌 지식일 수 있겠어요?—무지도 아니라오. 진실에 관여하는 것을 어찌 무지라 할 수 있겠어요? 옳은 의견이야말로 그처럼 지혜와 무지 사이에 있는 것

1 소크라테스.

2 만티네이아(Mantineia)는 동(東)아르카디아 지방의 도시로, mantis('예언자' '예언녀')와 발음이 비슷하다.

3 디오티마(Diotima)는 실재했던 인물이라기보다는 플라톤이 지어낸 인물인 것 같다.

이라오.'

그래서 내가 말했지. '옳은 말이오.'

b 그러자 그녀가 말했네. '그러니 아름답지 못한 것은 필연적으로 추하고, 좋지 못한 것은 필연적으로 나쁘다고 우기지 마세요. 마찬가지로 에로스도 아름답거나 좋지 못하다고 그대가 동의한다고 해서 그분이 추하고 나쁠 수밖에 없다고 생각할 것이 아니라, 이것들 사이에 있는 어떤 것이라고 생각하세요.'

그래서 내가 말했지. '하지만 에로스가 위대한 신이라는 데는 다들 동의하는걸요.'

그러자 그녀가 말했네. '그대가 말하는 〈다들〉이란 무지한 자들인가요, 아니면 유식한 사람들도 포함되나요?'

'세상 사람 전부 다지요.'

c 그러자 그녀가 웃으면서 말했네. '이봐요 소크라테스, 에로스가 신이 아니라고 말하는 사람들이 어떻게 그분이 위대한 신이라는 데 동의할 수 있지요?'

'그들이 어떤 사람들이지요?' 하고 내가 물었네.

그러자 그녀가 말했네. '그대도 그중 한 명이고, 나도 그중 한 명이지요.'

그래서 내가 말했지. '그게 무슨 뜻인가요?'

그러자 그녀가 말했네. '그야 간단하지요. 어디 말해보세요. 그대는 모든 신들이 행복하고 아름답다고 말하지 않나요? 그대는 신들 가운데 어떤 분이 아름답지도 않고 행복하지도 않다고 말할

자신이 있나요?'

'제우스에 맹세코, 나는 그럴 자신이 없어요' 하고 내가 대답했지.

'그런데 그대는 좋은 것들과 아름다운 것들을 가진 자들을 행복하다고 부르지 않나요?'

'물론 그렇게 부르지요.'

'그런데 그대는 에로스가 좋은 것들과 아름다운 것을 결여하고 d
있기에 자신에게 결여된 이런 것들을 원한다는 데 동의하지 않았나요?'

'동의했지요.'

'그런데 아름다운 것들과 좋은 것들에 관여하지 못하는 그분이 어떻게 신일 수 있지요?'

'전혀 그럴 수 없을 것 같네요.'

그러자 그녀가 말했네. '그러니 그대도 보다시피, 그대는 에로스를 신으로 인정하지 않는 거예요.'

그래서 내가 말했지. '그렇다면 에로스는 무엇이지요? 필멸의 존재인가요?'

'물론 아니지요.'

'그렇다면 에로스는 대체 뭐죠?'

그러자 그녀가 말했네. '우리가 앞서 살펴본 경우들처럼, 그분은 필멸과 불멸의 중간에 있지요.'

'그게 대체 뭐지요, 디오티마?'

e ‘소크라테스, 에로스는 위대한 정령[4]이에요. 모든 정령은 신과 필멸의 존재의 중간에 있으니까요.’

그래서 내가 말했지. ‘그분은 어떤 능력을 갖고 있나요?’

‘정령들은 신과 인간들 사이를 오가며 인간들의 기도와 제물을
신들에게 전하고, 신들의 명령과 인간들이 바친 제물에 보답하는
선물을 인간들에게 전하는 사자(使者)들이지요. 정령들은 신과
인간들의 중간에 있기에 양자 사이의 간극을 메워 모두가 하나의
203a 전체로 묶이게 하지요. 온갖 예언술은 물론이고 제사, 의식, 주술,
온갖 점(占), 마법에 관한 사제들의 기술도 정령들이 있기에 가능
해요. 신들은 인간들을 직접 만나지 않고, 인간들이 깨어 있건 잠
들었건 정령들을 통해 인간들과 교류하고 대화하지요. 그리고 그
런 일에 능한 자는 정령적인 인간인 데 반해, 다른 기술과 손재주
에 능한 자는 한낱 기능공[5]일 뿐이지요. 이런 정령들은 수도 많고
종류도 다양한데, 에로스도 그중 한 명이라오.’

그래서 내가 물었지. ‘누가 그분의 아버지이고 어머니인가요?’

b 그러자 그녀가 말했네. ‘그건 꽤 긴 이야기이지만 그대에게 들려 줄게요. 아프로디테가 태어났을 때[6] 신들이 잔치를 벌였는데, 그들 중에는 메티스[7]의 아들 포로스[8]도 있었어요. 식사가 끝나자 잔치 때 으레 그러하듯 페니아[9]가 구걸하러 와서 문간에 서 있었지요. 포로스는 넥타르[10]에—그때는 포도주가 없었으니까요—취해서 제우스의 정원으로 들어가 취기를 이기지 못하고 잠이 들었어요. 그러자 방편이 없던 페니아가 포로스의 아이를 갖기로 작정하

고는 포로스 옆에 누워 에로스를 잉태했지요. 에로스가 아프로디 c
테의 추종자이자 시종이 된 것은, 에로스가 아프로디테의 생일잔
치 때 잉태된 데다 본성적으로 아름다운 것을 사랑하는데 아프로
디테는 아름답기 때문이지요. 그런데 에로스는 포로스의 아들이
지만 페니아의 아들이기도 하기에 다음과 같은 처지에 놓여 있어
요. 첫째, 에로스는 언제나 가난하며, 많은 사람들이 생각하듯 부
드럽고 아름답기는커녕 사실은 딱딱하고, 더럽고, 맨발이고, 집도
없고, 언제나 거적도 없이 맨땅에서 자며, 대문 밖이나 길바닥에 d
서 노숙해요. 어머니의 본성을 타고난 그에게는 늘 결핍이 따라다
니기 때문이지요. 그런가 하면 에로스는 아버지를 닮아 아름다운
것들과 좋은 것들을 얻을 방편을 마련하고, 용감하고, 대담하고,
활기차고, 영리한 사냥꾼이고, 언제나 새로운 계략을 꾸미고, 지
식을 열망하고, 재간이 좋고, 평생 동안 지혜를 사랑하며, 영리한
마술사이고, 약초와 언변에 능하지요. 에로스는 불멸의 존재도 아 e

4 daimon.

5 banausos.

6 제우스와 디오네(Dione) 사이에서. 『향연』 180d 참조. 아프로디테(Aphrodite)는 성애와 여성미의 여신이다. 다음에 나오는 이야기는 플라톤이 지어낸 것이다.

7 메티스(Metis)는 꾀의 여신으로 제우스의 첫 번째 아내이다.

8 포로스(Poros)는 방편(方便)의 신이다.

9 페니아(Penia)는 가난의 여신이다.

10 넥타르(Nektar)는 신들이 마시는 술이다.

니고 필멸의 존재도 아니며, 단 하루 사이에 때로는 방편이 강구되어 번창하며 생을 구가하기도 하고 때로는 죽어가기도 하지만 그러다가 아버지한테서 물려받은 본성 덕분에 되살아나지요. 그러나 그분이 강구한 방도는 늘 썰물처럼 빠져나가지요. 그래서 에로스는 어느 때든 방편이 없지도 않고 부유하지도 않아요. 그분은
204a 또한 지혜와 무지의 중간에 있는데, 그 이유는 다음과 같아요. 신들 가운데 지혜를 사랑하거나 지혜로워지기를 원하는 분은 아무도 없어요. 신들은 이미 지혜로우니까요. 그 밖에 어느 누구도 이미 지혜로우면 지혜를 사랑하지 않아요. 그런가 하면 무지한 자들도 지혜를 사랑하지 않고 지혜로운 자가 되기를 원하지 않아요. 무지의 문제점은 다름 아니라 아름답지도 훌륭하지도 지혜롭지도 않은 자가 그러한 자기에게 만족하는 것이지요. 자기에게 결여되어 있다고 생각되지 않는 것을 원할 사람은 아무도 없을 테니까요.'

그래서 내가 말했지. '디오티마, 지혜를 사랑하는 자들이 지혜로운 자들도 아니고 무지한 자들도 아니라면, 그들은 대체 어떤 사람들이지요?'

b 그러자 그녀가 말했네. '그들은 이 두 집단의 중간에 있고 에로스도 그중 한 분이라는 것쯤은 삼척동자라도 알 수 있을 텐데요. 지혜가 가장 아름다운 것 가운데 하나이고 에로스가 아름다운 것에 관련된 사랑이라면, 에로스는 필연적으로 지혜를 사랑하는 분이고 지혜를 사랑하는 분으로서 필연적으로 지혜로운 자와 무지한 자의 중간에 있을 수밖에 없기 때문이지요. 그 이유 또한 그분

의 부모에게 있어요. 아버지는 지혜롭고 방편이 있지만, 어머니는
지혜롭지 못하고 방편이 없으니 말예요. 친애하는 소크라테스, 이
것이 에로스라는 정령의 본성이라오. 그대가 에로스에 대해 그렇
게 생각한 것은 조금도 놀라운 일이 아니에요. 그대가 한 말을 미 c
루어 짐작하건대, 그대는 에로스를 사랑하는 이가 아니라 사랑받
는 이로 생각한 것 같으니 말예요. 그래서 그대에게는 에로스가
더없이 아름답게 보였던 것이지요. 사랑스러운 것은 실제로 아름
답고 부드럽고 흠 없고 완벽하고 축복받은 자로 간주되지만, 사랑
하는 이는 그와는 달리 내가 설명한 것과 같은 모습을 하고 있기
에 하는 말이에요.'

그래서 내가 말했지. '좋아요, 이방의 여인이여. 그대 말이 옳아요. 그런데 에로스가 그런 분이라면 인간들에게 무슨 쓸모가 있지요?'

그러자 그녀가 말했네. '소크라테스, 그것이 바로 이것들 다음 d
에 내가 그대에게 가르쳐주려던 거예요. 에로스의 성격과 부모는
내가 말한 그대로예요. 그리고 그대가 한 말에 따르면, 그분은 아
름다운 것들에 대한 사랑이에요. 하지만 누가 우리에게, 〈소크라
테스와 디오티마여, 에로스가 아름다운 것들에 대한 사랑이라니
그게 도대체 무슨 뜻이죠?〉 또는 더 알기 쉽게 〈아름다운 것들을
사랑하는 이가 실제로 바라는 게 뭐죠?〉라고 묻는다고 가정해보
세요.'

그래서 내가 말했지. '아름다운 것들을 소유하는 것이지요.'

그러자 그녀가 말했네. '하지만 그렇게 대답하면 다음과 같은 질문이 제기돼요. 〈아름다운 것들을 소유함으로써 그가 얻는 게 뭐죠?〉'

그래서 나는 그 질문에 당장 대답하기란 쉽지가 않겠다고 대답했지.

e 그러자 그녀가 말했네. '그렇다면 누가 질문을 바꾸어 아름다운 것 대신 좋은 것에 관해 묻는다고 가정해보세요. 〈여보시오 소크라테스, 좋은 것들을 사랑하는 이가 실제로 바라는 게 뭐죠?〉'

그래서 내가 말했지. '좋은 것들을 소유하는 것이지요.'

'좋은 것들을 소유함으로써 그가 얻는 게 뭐죠?'

그래서 내가 말했지. '그건 대답하기 쉬운 질문이로군요. 〈그는 행복해지겠지요.〉'

205a 그러자 그녀가 말했네. '그렇지요. 행복한 자들은 좋은 것들을 소유함으로써 행복해지는 것인데, 여기서 〈행복해지기를 바라는 사람은 왜 행복해지기를 바라지요?〉라고 물을 필요는 없을 거예요. 그대의 대답에 더 이상의 질문은 제기될 수 없을 것 같네요.'

'옳은 말이오' 하고 내가 말했네.

'그대는 이런 바람 또는 이런 사랑이 모든 사람에게 공통된 것이며, 모든 사람이 좋은 것들을 항상 소유하기를 바란다고 생각하나요? 아니면 어떻게 말하겠어요?'

그래서 내가 말했지. '그대가 말한 대로 모든 사람들에게 공통된 거죠.'

그러자 그녀가 말했네. '소크라테스, 모든 사람이 같은 것들을 항상 사랑하는 것이 사실이라면, 어째서 우리는 모든 사람이 사랑한다고 말하지 않고, 어떤 사람들은 사랑하고 어떤 사람들은 사랑하지 않는다고 말하는 거죠?' b

그래서 내가 말했지. '나도 이상하게 여기고 있소.'

그러자 그녀가 말했네. '이상하게 생각할 것 없어요. 그 이유는 우리가 특정 종류의 사랑을 떼어내 거기에다 전체에 속하는 이름을 갖다 붙이고, 다른 종류의 사랑들에는 다른 이름들을 사용하기 때문이지요.'

'다른 예를 하나 들어주시겠어요?' 하고 내가 말했네.

'예를 하나 들어볼게요. 그대도 알다시피, 창작[11]은 그 범위가 넓어요. 전에 존재하지 않던 것이 존재하게 되면 그것은 모두 창작 덕분이니까요. 따라서 모든 인공 산물은 창작물이고, 그 제작자 c 들은 모두 창작자[12]들이지요.'

'옳은 말이오.'

그러자 그녀가 말했네. '하지만 그대도 알다시피, 그들은 창작자라고 불리지 않고 다른 이름을 갖고 있어요. 우리는 창작 전체에서 음악과 운율에 관계되는 일부를 떼어내 거기에다 전체의 이름을 붙이고 있어요. 그리하여 이 부분만이 창작이라 불리고, 창

11 poiesis.

12 poietes.

작의 이 부분에서 활동하는 사람들은 창작자라 불리지요.'

'옳은 말이오' 하고 내가 말했네.

d '그 점에서는 사랑도 마찬가지예요. 일반적으로 좋은 것들과 행
복에 대한 모든 욕구는 누구에게서나 발견되는 가장 강력하고도
간교한 사랑이지요. 그러나 이런 사랑을 추구하는 방법은 다양한
데, 사업, 운동, 철학 등 다른 길로 해서 이런 사랑을 지향하는 자
들은 사랑한다거나 사랑하는 사람들이라고 불리지 않아요. 반면
한 종류의 사랑만 열심히 추구하는 자들이 전체에 속하는 이름을
독차지하여, 〈사랑〉을 느낀다고, 〈사랑한다〉고, 〈사랑하는 사람
들〉이라고 불리고 있어요.'

'옳은 말인 것 같아요' 하고 내가 말했지.

그러자 그녀가 말했네. '사랑하는 사람들은 자신의 반쪽을 찾
e 는 사람들이라는 이야기가 전해오고 있기는 하지요. 하지만 벗이
여, 내 주장은 사랑은 반쪽도 전체도 찾지 않는다는 거예요. 반쪽
이나 전체가 다행히 좋지 않다면 말예요. 사람들은 병들었다 싶으
면 자기 발이나 손도 절단하려 하니까요. 누가 자기 것은 좋은 것
이고 남의 것은 나쁜 것이라고 한다면 몰라도, 그렇지 않다면 자
기 것이라고 해서 무조건 반길 수는 없으리라고 나는 생각해요.
206a 사람들은 좋은 것이 아니면 어떤 것도 사랑하지 않으니까요. 그대
는 사람들이 좋은 것이 아니라도 사랑한다고 생각하나요?'

'제우스에 맹세코, 그렇게 생각하지 않아요' 하고 내가 말했지.

그러자 그녀가 말했네. '그렇다면 사람들은 좋은 것을 사랑한다

고 단적으로 말해도 될까요?'

'네' 하고 내가 말했지.

'어때요?' 하고 그녀가 물었네. '그들은 좋은 것들을 사랑함으로써 좋은 것들이 자기들 것이 되기를 바란다고 부연해야 하지 않을까요?'

'부연해야겠네요.'

그러자 그녀가 말했네. '그뿐만이 아니에요. 그들은 좋은 것들이 영원히 자기들 것이 되기를 바라겠지요?'

'그것도 부연해야겠네요.'

'그렇다면 한마디로' 하고 그녀가 말했네. '사랑은 좋은 것을 영원히 소유하기를 바라는 것이라고 말할 수 있겠네요.'

'더없이 옳은 말이오' 하고 내가 말했지.

'사랑이 언제나 그런 것이라면' 하고 그녀가 말했네. '사랑하는 b
자들이 대체 어떤 방법으로 어떤 행위를 통해 사랑을 추구하기에 그들의 열성과 노력이 사랑이라고 불릴 수 있는 거죠? 이러한 활동의 목적이 뭐죠? 설명해줄 수 있겠어요?'

그래서 내가 말했지. '디오티마, 설명할 수 있다면 나는 분명 그대의 지혜에 그토록 감탄하지 않았을 것이며, 이런 것들에 대해 배우려고 그대를 찾아오지도 않았겠지요.'

'그렇다면 내가 그대에게 설명하겠어요' 하고 그녀가 말했네. '그러한 활동의 목적은 몸과 관련해서도 혼과 관련해서도, 아름다운 것 안에서 생식(生殖)하는 것이라오.'

그래서 내가 말했지. '그대가 한 말을 이해하려면 점쟁이가 필요하겠어요. 나는 알아듣지 못하겠으니.'

c 그러자 그녀가 말했네. '내가 더 알아듣기 쉽게 설명해볼게요.
소크라테스, 모든 인간은 육체적으로 정신적으로 임신 중이라오.
그러다가 우리가 성년이 되면 본능적으로 출산하기를 바라게 돼
요. 그러나 추한 것 안에서는 출산할 수 없고, 아름다운 것 안에
서만 출산이 가능해요. 남녀의 교합(交合)이 곧 출산이니까요. 이
러한 임신과 출산은 신적인 거예요. 필멸의 존재 안에 내포된 불
사의 요소이니까요. 그러나 조화를 이루지 못하는 것 안에서는 그
d 런 일이 일어날 수 없는데, 추한 것은 어떤 신적인 것과도 조화를
이루지 못하는 반면 아름다운 것은 모든 신적인 것과 조화를 이
루지요. 그래서 이런 출산에서는 아름다움[13]이 운명의 여신[14]과 출
산의 여신[15] 역할을 하는 거죠. 그래서 임신한 것이 아름다운 것에
다가가면 너그러워지고 기분이 좋아져 출산하고 생식하게 되는 거
죠. 그러나 임신한 것이 추한 것에 다가가면 눈살을 찌푸리고 괴
로워 오그라들고 뒤틀리고 움츠러들며 생식에 실패하고는 태아를
붙들고 힘겨워하지요. 그러니까 임신하여 터질 듯이 부풀어오른
e 자가 아름다운 것을 보고 크게 들뜨는 까닭은, 아름다움을 가진
자가 임신한 자를 격렬한 산고(産苦)에서 해방시켜주기 때문이지
요. 소크라테스, 그대가 생각하듯 사랑이 원하는 것은 단순히 아
름다운 것만은 아니니까요.'

'그럼 무엇을 원하지요?'

'아름다운 것 안에서 생식하고 출산하기를 원하지요.'

'좋아요!' 하고 내가 말했지.

'그렇고말고요' 하고 그녀가 말했네. '그런데 왜 사랑이 생식을 원하느냐고요? 필멸의 존재에게는 생식이 영속적이고 불사(不死)의 것이기 때문이지요. 그리고 우리가 앞서 합의한 바에 따라 사 207a
랑이 좋은 것을 영원히 소유하는 것이라면, 우리는 필연적으로 좋은 것과 더불어 불사를 원하게 마련이에요. 따라서 사랑은 불사도 원한다는 결론이 날 수밖에 없지요.'

디오티마가 에로스에 관해 말했을 때 이 모든 것을 내게 가르쳐 주었지. 한번은 그녀가 내게 묻더군. '소크라테스, 그대는 이러한 사랑과 욕망의 원인이 무엇이라고 생각하세요? 그대는 길짐승이든 날짐승이든 모든 동물이 생식하고 싶은 욕망을 느낄 때면 얼마나 끔찍한 상태가 되는지 보지 못하나요? 그것들은 병적으로 애
욕에 사로잡혀, 먼저 짝짓기 하기를 원하고 다음에는 새끼 기르기 b
를 원하지요. 그것들은 새끼들을 위해서라면 가장 약한 녀석도 가장 강한 녀석과 싸울 각오가 되어 있으며, 새끼를 먹이려다가 자신은 굶주림에 시달려 죽기까지 하지요. 그러면서도 새끼를 위해서라면 그것들은 무슨 짓이든 하지요. 인간들은' 하고 그녀는 말을

13 Kallone.

14 Moira.

15 Eileithyia.

이었네. '이성적인 판단에 따라 그런 짓을 한다고 추론할 수 있겠
c 지요. 하지만 동물들이 그렇게 애욕에 사로잡히는 원인은 무엇일까요? 말해줄 수 있나요?'

그래서 내가 이번에도 모르겠다고 대답하자, 그녀가 말하더군. '그대는 그런 것도 모르면서 어떻게 언젠가는 사랑의 문제에 관한 전문가가 될 것이라고 생각하세요?'

'디오티마, 그래서 나는 방금 말했듯이 선생님이 필요하다는 것을 알고 그대를 찾아온 것이라오. 그대는 이런 것들 외에 사랑에 관한 다른 것들의 원인도 말해주세요.'

그러자 그녀가 말했네. '만약 그대가 사랑은 본성상 우리가 여러 번 동의한 바 있는 것[16]을 지향한다고 믿는다면 내 대답을 듣
d 고 놀라지 마세요. 필멸의 존재는 본성상 가능한 한 죽지 않고 영원히 살기를 원한다는 원칙은 인간에게도 동물에게도 적용되니까요. 그러나 그것은 생식에 의해서만 가능한데, 생식은 끊임없이 새로운 것을 남겨 낡은 것을 대치하게 하기 때문이죠. 개개의 생명체가 살아 있는 동일한 개체라고 일컬어지는 동안에도—예컨대 어떤 사람이 어릴 적부터 노년에 이르기까지 같은 사람이라고 일컬어진다 해도, 그는 사실은 같은 속성을 그대로 유지하는 것이 아니라 부단히 새로워지며, 전에 갖고 있던 머리털, 살, 뼈, 피
e 는 물론이요 몸 전체를 잃어가고 있어요. 그리고 이런 현상은 몸에만 국한되는 것이 아니라 혼에도 일어나요. 습관, 성격, 의견, 욕망, 쾌락, 고통, 두려움도 어느 것 하나 어떤 개인의 혼 안에 그대

로 머물러 있지 않고, 어떤 것은 생겨나고 어떤 것은 소멸하니 말
예요. 이보다 훨씬 더 이상한 것은, 지식도 어떤 것은 생겨나고 어 208a
떤 것은 소멸하여, 우리는 지식과 관련해서도 결코 같은 사람으로
남지 않으며, 그 점에서는 우리의 개별 지식도 마찬가지지요. 우리
가 〈학습〉이라고 일컫는 것도 지식이 우리를 떠나기에 존재하는
것이지요. 망각은 지식이 떠나가는 것인데, 학습은 떠나가는 기억
대신 새로운 기억을 주입하여 같은 지식으로 보이도록 우리의 지
식을 보존하니까요. 모든 필멸의 존재는 이런 식으로 보존되지요.
신적인 존재처럼 모든 면에서 영원히 같은 존재로 머무름으로써
가 아니라, 늙어서 소멸하는 것이 자기를 닮은 젊은 것을 뒤에 남 b
김으로써 보존된다는 말이에요. 소크라테스, 필멸의 존재는 몸이
건 그 밖에 다른 것이건 이런 방책으로 불사에 참여하며, 불사의
존재에게는 다른 방책이 있지요. 그러니 만물이 본성상 제 자식을
소중히 여긴다고 해서 놀라지 마세요. 이런 보편적인 열성과 사랑
은 다 불사를 위한 것이니까요.'

나는 그녀의 말을 듣고 놀라 말했지. '좋아요, 가장 지혜로운 디
오티마여! 그런데 그게 사실인가요?'

그러자 그녀가 진짜 소피스트처럼 말했네. '그렇다니까요, 소크 c
라테스. 인간들의 명예욕을 한번 보세요. 그러면 그대는 내가 말

16 사랑은 아름다운 것 안에서 생식하고 출산하기를 원한다는 것(206e)과 사랑은 불사도 원한다는 것(207a) 등을 말한다.

한 것[17]과 관련하여 그들이 무모한 것[18]을 보고 놀랄 거예요. 그대
가 만약 내가 한 말을 명심하지 않는다면 그리고 그들이 유명해지
고 〈영원토록 불후의 명성을 쌓아올리고〉[19] 싶은 욕망 때문에 얼
마나 끔찍한 상태에 있는지 심사숙고하지 않는다면 말예요. 이를
위해서라면 그들은 자식들을 위해서보다도 더 위험을 무릅쓸 각
오가 되어 있으며, 돈을 쓰고, 어떤 고통이라도 감수하고, 심지어
d 목숨을 바치기까지 해요. 그대는 과연 알케스티스가 아드메토스
를 구하기 위해 죽고, 아킬레우스가 파트로클로스의 원수를 갚기
위해 죽고, 아테나이 왕 코드로스[20]가 자식들의 왕위를 지켜주기
위해 죽었을 것이라고 생각하나요? 만약 그들이 지금도 우리가 기
억하고 있듯 자신들의 용기[21]가 잊히지 않고 영원히 기억될 것이라
고 생각하지 않았다면 말예요. 천만의 말씀! 각자가 전력을 다하
는 것은 불후의 미덕과 그런 종류의 명성을 위해서이며, 훌륭한
e 사람들일수록 더 그러하다고 나는 생각해요. 그들은 불사를 사랑
하니까요. 육체적으로 임신한 자들은 여자들에게 끌리는데, 그렇
게 사랑을 표출하는 자들은 아기 낳기를 통해 불사와 기억과 나름
209a 대로의 행복을 영원토록 확보하지요. 그러나 정신적으로 임신하
는 자들도 있지요. 몸보다는 혼 안에 더 많이 임신하는 자들도 있
기 때문인데, 이들은 혼이 임신하고 출산하기에 적합한 것을 임신
하지요. 무엇이 적합하냐고요? 지혜와 그 밖의 다른 미덕이지요.
이런 것들을 낳는 이는 다름 아니라 모든 시인과 창의적이라고 일
컬어지는 모든 장인들이지요. 그러나 단연 가장 위대하고 가장 아

름다운 지혜는 국가와 가정에 질서를 부여하는 것인데, 그런 지혜는 절제와 정의라고 불리지요. 누가 젊어서부터 이런 것들을 혼 안 b
에 임신하고 있다가 미혼으로 적령에 도달하여 출산하고 생식하고 싶은 욕망을 느끼게 되면, 그도 아마 돌아다니며 그 안에서 생식할 수 있는 아름다운 것을 찾을 거예요. 그는 추한 것 안에서는 결코 생식하지 않을 테니까요. 그는 임신 중인 만큼 추한 몸보다는 아름다운 몸을 반기고, 만약 아름답고 고상하고 재능 있는 혼을 만나게 되면 아름다운 몸과 아름다운 혼이라는 이런 결합을 크게 반기지요. 이런 사람을 만나면 그는 곧장 미덕이 무엇이며, 훌륭한 사람이 되려면 어떤 자질을 구비해야 하고 어떤 활동을 해야 하는지 청산유수 같은 말솜씨로 그 사람을 교육시키려 하지요. c
나는 그가 아름다운 사람과 접촉하고 사귐으로써 오랫동안 임신 중이던 것을 출산하고 생식한다고 생각해요. 둘이 함께 있든 떨어져 있든 그는 그 사람을 기억하며 둘 사이에서 태어난 자식을 그

17 특히 207a~b에서 동물들이 새끼를 낳아 기르기 위해 온갖 위험을 무릅쓴다고 말한 부분.

18 또는 그대의 생각이 부족했던 것.

19 출전 미상.

20 아테나이의 전설적인 왕 코드로스(Kodros)는 델포이 신탁에 따르면 만약 자기가 살아남으면 아테나이가 도리에이스족(Dorieis)에게 함락되리라는 것을 알고는, 나무꾼으로 가장하여 성 밖으로 나가 시비를 걸다가 적군의 손에 살해됨으로써 자신의 왕국이 3백 년 더 유지되게 할 수 있었다고 한다.

21 arete. 또는 '미덕'.

사람과 함께 기르지요. 그래서 이 두 사람은 사람의 자식을 둔 부
모보다 더 긴밀한 유대와 더 두터운 우정을 유지하는데, 더 아름
d 답고 더 불사적인 자식을 공유하기 때문이지요. 누구나 다 사람의
자식보다는 그런 종류의 자식을 낳기를 선호하겠지요. 또한 우리
는 호메로스나 헤시오도스나 그 밖의 다른 위대한 시인들을 우러
러보며 부러워하는데, 그것은 그들이 남긴 자식들이 스스로 불멸
의 존재들이어서 부모에게 불멸의 영광과 명성을 안겨주기 때문이
지요. 또 다른 예를 들라면, 뤼쿠르고스[22]가 라케다이몬에 남겨두
어 라케다이몬뿐만 아니라 사실상 헬라스[23]의 구원자가 되게 했
던 자식들을 보세요. 솔론[24]이 이곳 아테나이에서 존경받는 것도
e 그가 법률을 낳았기 때문이지요. 또한 헬라스에서든 이방에서든
곳곳에서 수많은 다른 사람들이 존경받는 것도 그들이 아름다운
업적을 많이 쌓음으로써 온갖 종류의 미덕을 낳았기 때문이지요.
또한 이런 자식들을 두었기에 사람들은 그들을 위해 여러 가지 제
사를 지내지만, 사람의 자식을 두었다고 해서 누구에게 제사를 지
낸 적은 한 번도 없어요.

소크라테스, 이러한 사랑의 비의(秘儀)에는 그대도 아마 입문
210a 할 수 있겠지요. 올바른 길을 따라가는 사람에게 내가 지금까지
말한 것은 비의의 최종 단계에 이르기 위한 사전준비에 불과한데,
그대가 과연 그 최종 단계에도 입문할 수 있을지는 나도 모르겠
네요. 나는 그대에게 최선을 다해 설명할 테니, 그대도 최선을 다
해 따라오도록 하세요. 누가 이 일을 올바른 방법으로 시작하려

면 젊어서 아름다운 몸들에 초점을 맞추되, 길라잡이가 그를 제
대로 인도할 경우, 먼저 한 사람의 몸을 사랑하여 거기에서 아름
다운 담론(談論)을 낳아야 해요. 그러고 나서 그는 한 몸의 아름
다움은 다른 몸의 아름다움과 대동소이하다는 것과, 몸의 아름
다움을 추구해야 할 경우 모든 몸의 아름다움이 똑같다고 여기 b
지 않는 것은 어리석은 짓이라는 것을 깨달아야 해요. 이것을 깨
닫고 나서 그는 한 몸에 집착하는 것은 경멸스럽고 보잘것없는 일
이라 여기고는 그런 집착을 버리고 세상의 모든 아름다운 몸을 사
랑하는 사람이 되어야 해요. 그다음 단계는 그가 육체의 아름다
움보다 정신적인 아름다움을 더 높이 평가하는 것인데, 그렇게 하
면 그는 누군가 몸의 매력은 보잘것없어도 혼이 단정하다면 그것 c
으로 만족하고는 그 사람을 사랑하고 보살펴주며 젊은이들을 더
훌륭한 사람들로 만들어줄 담론을 낳고 추구하게 될 거예요. 그리
하여 여러 가지 활동과 법률의 아름다움에 주목하지 않을 수 없
게 된 그는 이것들이 모두 궁극적으로 하나라는 것을 보게 되어,
몸의 아름다움은 상대적으로 사소한 것임을 알게 될 거예요. 여
러 가지 활동 다음으로 그는 여러 가지 지식을 향해 나아가야 하

22 뤼쿠르고스(Lykourgos)는 스파르테의 전설적인 입법자이다.

23 헬라스(Hellas)는 그리스의 그리스어 이름이다.

24 솔론(Solon)은 기원전 6세기 초에 활동한 아테나이의 입법자이다.

는데, 그래야만 그가 그곳에서도 아름다움을 발견하고는 이제는
d 수많은 아름다움을 보면서 어떤 젊은이나 사람 또는 특정 행위 같
은 특정 사물의 아름다움에 더 이상 노예처럼 집착하지 않을 것이
며, 그런 종류의 종노릇을 통해 옹졸해지거나 편협해지지 않을 거
예요. 오히려 그는 아름다움의 넓은 바다로 나아가 그것을 바라보
면서 지혜를 향한 무한한 사랑에서 아름답고 웅장한 담론과 사상
을 많이 낳게 될 거예요. 그러다가 드디어 그곳에서 힘이 강해지고
몸집이 불어나 그는 내가 다음에 말하려는 아름다움과 관련된 하
e 나뿐인 지식을 식별하게 될 거예요. 그러니 그대는 정신 바짝 차리
고 들으세요. 아름다운 것들을 바른 순서에 따라 제대로 바라보면
서 사랑에 관한 연구에서 여기까지 인도되어온 사람은 연구의 최
종목표에 다가가면서 도저히 믿을 수 없이 아름다운 무엇을 갑자
기 보게 될 거예요. 소크라테스, 앞서 우리가 기울인 모든 노고도
211a 바로 그것을 위해서였어요. 그가 보게 될 것은 첫째, 항상 있는 것
이어서 생성되지도 소멸하지도 않으며, 늘어나지도 줄어들지도 않
아요. 둘째, 그것은 어떤 점에서는 아름답지만 다른 점에서는 추
한 것도 아니고, 어느 순간에는 아름답지만 다른 순간에는 아름
답지 않은 것도 아니며, 어떤 것과 관련해서는 아름답지만 다른 것
과 관련해서는 추한 것도 아니며, 어떤 사람들에게는 아름답지만
다른 사람들에게는 추해서 여기서는 아름답지만 저기서는 추한
것도 아니라오. 또한 그 아름다움은 그에게 얼굴이나 손이나 몸의
다른 부위의 모습을 하고 나타나지 않으며, 어떤 담론이나 지식은

물론이요 동물이든 대지든 하늘이든 그 밖의 다른 것이든 다른
것 안에 존재하는 것으로도 나타나지 않아요. 오히려 그것은 언제 b
나 그 자체로서 존재하고 형상이 하나라오. 다른 아름다운 것들
은 모두 그것에 관여하되, 그것들은 생성되거나 소멸하지만 그것
자체는 조금도 늘어나거나 줄어들지 않고 아무 영향도 받지 않는
그런 방식으로 관여하지요. 따라서 만약 누가 연동을 올바르게 사
랑함으로써 이런 개별적인 것들을 뒤로하고 위로 올라 저 아름다
운 것을 식별하기 시작한다면, 그는 사실상 목표에 도달한 것이나
다름없어요. 사랑의 신비를 향해 올바로 나아가거나 또는 다른 사 c
람에 의해 인도된다는 것은 다름 아니라, 이 세상의 아름다운 것
들에서 출발하여 그것들을 계단으로 이용하면서 내가 말하는 아
름다움을 위해 꾸준히 올라가되 한 아름다운 몸에서 두 아름다
운 몸으로, 두 아름다운 몸에서 모든 아름다운 몸으로, 아름다운
몸들에서 아름다운 활동들로, 아름다운 활동들에서 아름다운 지
식들로, 끝으로 아름다운 지식들에서 아름다운 것 자체만을 대상
으로 하는 저 특별한 지식으로 나아감으로써 드디어 아름다운 것
자체가 무엇인지 알게 되는 것이라오.' 만티네이아에서 찾아온 이 d
방의 여인은 다음과 같이 말을 이었네. '친애하는 소크라테스, 인
간에게 살 만한 곳이 있다면 아름다운 것 자체를 관조하는 이러
한 경지야말로 살 만한 곳이겠지요. 만약 그대가 그 아름다움을
보게 되면 그 아름다움은 황금이나 고운 옷이나 잘생긴 청소년들
을 무색케 한다고 생각될 거예요. 지금은 비록 그대와 수많은 다

른 사람이 잘생긴 청소년들을 보고 넋을 잃고는 연동들을 바라보
며 늘 함께할 수만 있다면—그게 가능하다면—먹지도 마시지도
않고 그들을 바라보며 함께 있기만을 원하지만 말예요. 누가 완전
e 하고 순수하고 섞이지 않고, 인간의 살이나 색깔이나 그 밖에 필
멸의 수많은 허섭스레기들에 오염되지 않은 아름다운 것 자체를,
단일 형상의 신적인 절대적인 아름다움을 실제로 볼 수 있다면 어
212a 떤 반응을 보이리라고 생각하세요? 누가 그쪽으로 눈길을 돌려 적
절한 수단으로 그 아름다움을 관조하며 그 아름다움과 함께할 수
있다면, 그대는 그것이 무가치한 삶이라고 생각하나요? 아니면 그
대는 누군가 아름다운 것을 볼 수 있는 적절한 능력을 이용하는
사람이 그런 조건에서만 미덕의 환영 대신 진정한 미덕을 낳게 되
리라는 것을 깨닫지 못하나요? 그가 접촉하는 것은 미덕의 환영
이 아니라 진정한 미덕이니까요. 그리고 진정한 미덕을 낳아 기르
게 되면 그는 신들의 사랑을 받게 될 것이며, 그것이 인간에게 가
능하다면 그 자신도 불사의 존재가 될 거예요.'

b 파이드로스와 그 밖의 다른 친구들이여, 이상이 디오티마가 내
게 들려준 이야기이며, 나는 그녀의 말에 설득당했네. 그리고 그
녀의 말에 설득당한 나는 신들의 사랑을 받고 불사의 존재가 되
는 일에는 인간의 본성에 에로스보다 더 훌륭한 조력자를 찾기가
쉽지 않을 것이라고 다른 사람들을 설득하려 한다네. 그래서 나
는 모든 사람이 에로스를 존경해야 한다고 주장하며, 나 자신도
에로스에 관한 일을 존중하며 남달리 열심히 연구하고 있을뿐더

러 남들에게도 그러기를 권한다네. 또한 지금도 그렇지만 앞으로
도 언제까지나 나는 힘닿는 데까지 에로스의 능력과 용기를 찬미
할 것이네. 그러니 파이드로스, 원한다면 나의 이 발언을 에로스 c
에게 바치는 나의 찬가라고 여겨주게. 아니면 아무 이름이나 자네
마음에 드는 이름을 붙여도 좋네."

저승

『파이돈』(107c~115a)에서

107c “하지만 여보게들,” 하고 소크라테스 선생님께서 말씀하셨소. “만약 혼이 죽지 않는다면 우리가 삶이라고 부르는 이 시간뿐만 아니라 모든 시간을 위해 혼을 보살펴야 하며, 만약 누가 혼을 소홀히 하면 무서운 위험에 빠지게 되리라는 점을 명심해야 하네. 만약 죽음이 모든 것으로부터의 도피라면 죽음은 악인들에게는 횡재겠지. 그들은 죽음으로써 혼과 함께 몸과 자신들의 악행에서도 해
d 방될 테니까. 그러나 혼이 죽지 않는 것으로 드러난 지금, 혼이 악행에서 도피하거나 구원받을 길은 달리 아무것도 없네. 최대한 선량해지고 지혜로워지는 것 말고는. 혼은 저승에 갈 때 교육과 훈련 외에는 아무것도 가져가지 못하는데, 교육과 훈련이야말로 저승으로 떠나는 여행을 시작할 때부터 죽은 사람을 가장 이롭게 하거나 가장 해롭게 하는 것이라고 하니 말일세. 전해오는 이야기에 따르면, 사람이 죽으면 생전에 각자에게 할당된 수호신[1]이 모두들

집결해야 하는 어떤 곳으로 그를 데려간대. 그러고는 재판을 받아 분류되고 나면 그들은 혼들을 이승에서 저승으로 호송하는 임무 e
를 맡은 안내자[2]와 함께 저승으로 출발해야 한대. 그들이 그곳에서 겪어야 할 일들을 겪으며 필요한 기간만큼 머무르고 나면, 오랜 세월이 흐른 뒤 다른 안내자가 그들을 이곳으로 다시 데려오지. 물론 이 여행은 아이스퀼로스의 비극에서 텔레포스[3]가 말하는 것과는 같지 않아. 그는 저승으로 가는 길이 곧은길이라고 말 108a
하지만, 내가 보기에는 곧은길도 외길도 아닌 것 같아. 그렇다면 안내자가 필요 없겠지. 길이 하나뿐이라면 어느 쪽으로든 길을 잃을 사람은 아무도 없을 테니까. 사실 그 길에는 갈림길도 많고 삼거리도 많은 것 같아. 이승에서의 제사나 의식들[4]에 근거해서 하는 말일세. 잘 정돈된 지혜로운 혼은 안내자를 따라가며 환경에 익숙해진다네. 그러나 몸에 미련이 남은 혼은, 내가 앞서 말했듯이, 몸과 가시적인 세계 주위를 오랫동안 훨훨 날아다니며 반항도 b

1 daimon.

2 그리스 신화에서 죽은 자들의 혼을 저승으로 안내하는 역할은 헤르메스 신이 맡았다.

3 3대 비극작가 중 한 명인 아이스퀼로스(Aischylos)가 남긴 현존 비극들에는 그리스 아르카디아 지방에서 태어나 훗날 소아시아 뮈시아(Mysia) 지방의 왕이 된 텔레포스(Telephos)가 나오는 장면이 없다.

4 예컨대 고대 그리스인들은 삼거리 같은 곳에 여신 헤카테(Hekate)의 신상을 세우고 밤에 제물을 바치곤 했다.

많이 하고 고생도 많이 한 뒤에야 자기에게 할당된 수호신에게 마
지못해 억지로 끌려간다네. 그리하여 이 혼은 다른 혼들이 가 있
는 곳에 도착하게 되는데, 이 혼이 불법적인 살인에 관여하거나 유
사한 혼들이 저지르는 유사한 범행을 저지름으로써 부정한 짓을
저지른 부정한 혼일 경우 다들 등을 돌려 피하며, 길동무나 안내
자가 되려고 하지 않는다네. 그러면 이 혼은 어찌할 바를 몰라 일
c 정 기간 혼자서 떠돌다가, 그 기간이 지나면 적절한 거처로 강제로
옮겨진다네. 그러나 정결하고 절도 있게 살다 간 혼은 신이 길동무
와 안내자가 되어주는 가운데, 각자 자기에게 적절한 곳에서 살게
된다네. 대지에는 놀라운 곳이 많이 있으며, 대지 자체도 그 모양
과 크기가 대지에 관해 늘 논하는 사람들이 믿고 있는 것과는 딴
판이래. 내가 어떤 사람의 말을 듣고 옳다고 생각한 바에 따르면
말일세."

d 그러자 심미아스가 말했소. "소크라테스 선생님, 무슨 말씀이
신지요? 나도 대지에 관해 많은 것을 들었지만, 선생님께서 믿고
계신 이론은 들어보지 못했어요. 들어보고 싶어요."

"심미아스, 내가 믿고 있는 이론이 무엇인지 설명하는 데 글라우코스의 재주[5]는 필요 없다고 생각하네. 그러나 그것이 사실임을 증명하는 일은 글라우코스의 재주로도 감당할 수 없을 것이며, 나도 아마 해낼 수 없을 것 같네. 또 설사 내가 알고 있다 해도, 심미아스, 논의가 채 끝나기도 전에 아마 내 여생은 끝나버릴 걸세. 하지만 대지의 생김새와 그 안의 여러 지역들에 관해 내가 믿

고 있는 바를 설명하지 못하게 방해하는 것은 아무것도 없네." e

"그 정도면 충분해요" 하고 심미아스가 말했소.

"내가 믿는 것은" 하고 그분[6]께서 말씀하셨소. "첫째, 대지가 둥글고 하늘 한가운데에 있다면, 대지가 떨어지지 않도록 막아줄 대 109a
기도 그 밖의 다른 힘도 필요하지 않으며, 하늘이 사방으로 동질성을 유지하고 대지 자체가 균형을 이룸으로써 대지를 충분히 붙잡아줄 수 있다는 것이네. 균형을 이루는 물체가 동질성을 유지하는 것의 한가운데에 놓이면 어느 방향으로도 기울지 않고 언제나 제자리에 머무를 테니 말일세. 이것이 내가 믿게 된 첫 번째 것이네."

"그렇게 믿으시는 것이 옳은 것이기도 해요" 하고 심미아스가 말했소.

"다음에 나는" 하고 그분께서 말씀하셨소. "대지가 엄청나게 크고, 우리는 파시스[7] 강에서 헤라클레스의 기둥들[8]에 이르는 대 b
지의 작은 부분에서 마치 개미나 개구리가 늪지 주위에 살듯 바다 주위에 살고 있으며, 그 밖에도 많은 사람들이 비슷한 지역들

5 '글라우코스(Glaukos)의 재주'란 어려운 과제를 풀 수 있는 재주라는 뜻으로, 속담 같은 이 표현의 출처에 관해서는 알려진 것이 없다.

6 소크라테스.

7 파시스(Phasis)는 흑해 동안으로 흘러드는 강이다.

8 지금의 지브롤터(Gibralter) 해협. 파시스는 당시 그리스 세계의 동쪽 끝이었고, 헤라클레스의 기둥들은 서쪽 끝이었다.

에서 살고 있다고 믿네. 대지 위에는 곳곳에 모양과 크기가 다양
한 우묵한 분지가 많아서 물과 안개와 대기가 그곳으로 함께 흘러
들었기 때문이네. 그러나 대지 자체는 순수하며, 별들이 자리 잡
고 있는 순수한 하늘에 놓여 있는데, 이 분야의 전문가들은 대부
c 분 이 순수한 하늘을 아이테르[9]라고 부른다네. 물과 안개와 대기
는 이 아이테르의 찌꺼기로서 대지의 우묵한 분지들로 끊임없이
함께 흘러든다네. 우리는 대지의 우묵한 분지들에 살면서도 그런
줄 모르고 대지의 표면에 살고 있는 줄 알지. 누가 바다의 밑바닥
에 살고 있다고 상상해보게. 그는 자기가 수면 위에 산다고 생각
할 것이며, 물을 통하여 해와 다른 천체들을 보면서 바다가 하늘
d 이라고 생각하겠지. 그리고 그는 게으르거나 허약한 탓에 해수면
에 도달한 적이 없거나, 우리가 사는 이 세계를 향해 바닷물 밖으
로 머리를 내밀어 우리가 사는 세계가 그가 사는 세계보다 얼마나
더 순수하고 아름다운지 본 적이 없거나, 본 사람한테서도 들은
적이 없네. 지금 우리의 처지가 그와 똑같아. 우리는 대지의 어느
우묵한 분지에 살면서 대지의 표면에 살고 있는 줄 알고, 대기를
하늘이라 부르며 대기가 별들이 지나다니는 하늘인 줄 알고 있으
니 말일세. 또한 우리도 허약하거나 게을러 대기의 위쪽 표면에 도
e 달할 수 없다는 점에서 마찬가지야. 누가 대기의 꼭대기에 도달하
거나 날개가 생겨 그곳으로 날아오를 수 있다면, 그는 마치 물고기
들이 수면 밖으로 머리를 내밀고 우리가 사는 세계의 사물들을 보
듯이 머리를 내밀어 위쪽 세계의 사물들을 볼 수 있을 테니 말일

세. 그리고 그의 본성이 관찰하는 것을 능히 견뎌낼 수 있다면, 그는 그것이 진짜 하늘이고 진짜 빛이며 진짜 대지라는 사실을 알게 될 것이네. 우리가 사는 이 대지와 그 돌들과 지역 전체가 망가지 110a
고 부식되었기에 하는 말일세. 그것은 마치 바닷속에 있는 것들이 짠물에 부식되고 바닷속에서는 이렇다 할 것이 아무것도 자라지 않아 사실상 온전한 것은 하나도 없고 부식된 바위 동굴들과 모래와, 흙이 있는 곳이면 어디에나 끝없는 진흙과 진창이 있지만 우리가 사는 지역의 아름다운 것들에 견줄 만한 것은 하나도 없는 것과도 같네. 그러나 위쪽 세계의 사물들은 우리가 사는 이 세계의 사물들을 훨씬 더 큰 차이로 능가한다네. 심미아스, 만약 지금 하 b
늘 밑의 대지에 있는 것들이 어떤 성질의 것인지 이야기하는 것이 바람직하다면, 그것은 들어둘 만한 가치가 있다네."

"소크라테스 선생님," 하고 심미아스가 말했소. "우리는 그 이야기를 꼭 듣고 싶어요."

"그렇다면 여보게," 하고 그분께서 말씀하셨소. "전해오는 이야기에 따르면, 우선 대지의 진짜 표면은 위에서 보면 열두 조각의 가죽으로 만든 공처럼 보인대. 대지의 진짜 표면은 다채로워서 여러 색깔을 이어 붙인 것처럼 보이는데, 그 색깔들이 어떤 것인지는 이곳에서 우리 화가들이 사용하는 색깔들을 보면 짐작할 수 있

9 상층의 맑은 공기.

c 대. 그러나 그곳에서는 대지 전체가 그런 색깔들로 이루어져 있으
며, 그 색깔들은 우리가 아는 색깔들보다 훨씬 더 선명하고 순수
하대. 한 부분은 놀랍도록 아름다운 자줏빛이고, 다른 부분은 황
금빛이며, 그중 흰 부분은 백악이나 눈보다 더 희대. 그리고 나머
지 부분들도 마찬가지로 여러 색깔로 이루어져 있는데, 그 색깔들
은 이곳에서 우리가 본 것들보다 더 다채롭고 더 아름답대. 그도
그럴 것이, 물과 대기로 가득 차 있는 대지의 이 우묵한 분지들조
d 차도 전체가 다채로운 색깔들의 연속처럼 보이도록 여러 가지 색
깔이 빛나는 가운데 고유한 색깔을 보이기 때문일세. 이 아름다운
대지에서 자라는 나무, 꽃, 과일들도 거기에 맞게 아름답대. 또한
산과 돌들도 그에 맞게 더 부드럽고 더 투명하며 색깔도 더 곱대.
우리가 귀하게 여기는 조약돌들, 다시 말해 홍옥, 벽옥, 에메랄드
e 등등의 보석들은 사실은 이 돌들의 부스러기래. 그러나 그곳의 돌
들은 모두 그렇거나, 아니면 더 아름답대. 그 이유는 그곳의 돌들
은 순수하고, 이곳의 돌들이 이곳의 우묵한 분지들로 함께 흘러
들어 돌과 흙과 다른 동물과 식물들에게 추함과 질병을 가져다주
는 물과 대기에 부식되듯 오물에 부패하거나 짠물에 부식되지 않
았기 때문이래. 대지의 진짜 표면은 이런 온갖 돌들뿐만 아니라
111a 금과 은과 그 밖의 다른 금속으로 장식되어 있대. 그런 것들이 쉽
게 볼 수 있도록 대지의 곳곳에 지천으로 널려 있기 때문이지. 그
래서 대지를 보는 사람들은 행복감을 느낀대. 그곳 대지에는 다른
생물도 많고 사람도 많은데, 더러는 내륙에 살고, 더러는 마치 우

리가 바다 주위에 살듯이 대기 주위에 살며, 더러는 대기에 둘러싸여 있지만 대륙과 가까운 섬들에서 산대. 한마디로, 물과 바다가 우리에게 필요하다면 그곳에서는 대기가 필요하고, 그들에게 b
아이테르는 우리에게 대기와 같은 것이라네. 그곳은 기후가 온화하여 그들은 병에 걸리지 않고 이곳 사람들보다 훨씬 더 오래 살며, 순수성에서 대기가 물을 능가하고 아이테르가 대기를 능가하는 만큼 시력과 청력과 이해력과 모든 능력에서 우리를 능가한대. 그들에게는 실제로 신들께서 사시는 성소와 신전들이 있어, 그곳에서 신탁, 예언, 환상 같은 것을 통해 신들과 직접 교류한대. 그 c
들은 해와 달과 별들을 본래 모습 그대로 보며, 그들의 다른 행복도 이에 못지않대.

대지 전체와 대지를 둘러싸고 있는 것들은 원래 그런 것이래. 그러나 대지 전체를 빙 돌아가며 대지의 우묵한 분지들에는 많은 지역이 있는데, 그중 더러는 우리가 사는 지역보다 더 깊고 더 넓으며, 더러는 우리 지역보다 더 깊지만 입구는 더 좁으며, 더러는 우 d
리 지역보다 더 얕지만 더 넓대. 이 지역들은 모두 더러는 더 크고 더러는 더 작은 지하 통로들로 여러 곳에서 서로 연결되어 있는데, 그 통로들을 통해 엄청난 양의 물이 마치 포도주 희석용 동이[10]로 흘러들듯, 한 수조(水槽)에서 다른 수조로 흘러든대. 지하에는 뜨

10 고대 그리스인들은 포도주를 동이에다 물로 희석해서 마셨다.

거운 물과 찬물의 엄청나게 큰 영원한 강들이 흐르는가 하면 엄청
난 불과 거대한 불의 강들이 있으며, 시켈리아[11]에서 용암이 흘러
e 내리기 전에 흐르는 진흙의 강들처럼 더러는 더 묽고 더러는 더 진
한 진흙의 강들도 많으며, 용암 자체도 있대. 이런 것들이 순환하
며 흘러들 때마다 각 지역은 이런 것들로 가득 찬대. 그리고 이런
상하운동은 모두 대지 내의 진동에 의해 일어나는데, 이 진동의
성질은 다음과 같아. 대지의 갈라진 틈들 가운데 하나는 유난히
112a 크며 대지 전체를 곧장 관통한다네. 바로 이곳을 두고 호메로스
는 다음과 같이 말하고 있다네.

> 저 멀리, 대지 아래 가장 깊은 심연으로[12]

그곳은 호메로스와 그 밖의 많은 시인이 다른 데서는 타르타로
스[13]라고 부른 곳이기도 하다네. 모든 강은 바로 이 갈라진 틈으로
함께 흘러들었다가 다시 흘러나오는데, 각각의 강은 그것이 통과
b 하는 대지의 성질을 띠게 되지. 모든 강이 그곳에서 흘러나갔다가
흘러드는 까닭은, 이 액체에는 밑바닥도 토대도 없기 때문이지. 그
래서 액체는 진동하며 위아래로 출렁대고, 그 주위의 대기와 바람
도 같은 운동을 하는 거지. 대기와 바람은 액체가 대기의 다른 쪽
으로 이동할 때도 이쪽으로 이동할 때도 액체와 동행하니까. 그리
고 우리가 숨을 쉴 때면 들이쉬기도 하고 내쉬기도 하듯이, 그곳
의 바람은 액체와 함께 진동하며 들어올 때도 나갈 때도 저항할

수 없는 무시무시한 돌풍을 일으키지. 그리고 물이 저지대라고 불 c
리는 곳으로 물러날 때마다 지하의 강들은 그곳으로 흘러들어 마치 펌프로 퍼올린 것처럼 그곳을 가득 채우지. 반대로 물이 그 지역을 떠나 이쪽으로 돌아오면 이곳의 강들을 가득 채우지. 그리고 이쪽의 강들이 가득 차면 수로들과 대지를 통해 흐르다가 저마다 정해진 목적지에 도달하면 바다와 호수와 강과 샘을 만들지. 거기
에서 다시 대지 아래로 내려가면 더러는 더 많고 더 먼 지역들을 d
통과하고, 더러는 더 적고 더 가까운 지역들을 통과하여 어떤 것은 흘러나왔던 지점보다 훨씬 밑에서, 어떤 것은 조금 밑에서 다시 타르타로스로 흘러들지. 하지만 모두 흘러나온 지점보다 더 밑에서 흘러들어. 더러는 흘러나온 곳과 반대쪽에서 흘러들고, 더러는 같은 쪽에서 흘러들지. 그리고 더러는 완전히 원을 그리며 뱀처럼 대지 주위로 한 번 또는 여러 번 똬리를 틀다가 되도록 낮은 곳으
로 내려가서 다시 타르타로스로 떨어지지. 그러나 어느 방향에서 e
든 한가운데까지만 내려갈 수 있고 더는 내려갈 수 없어. 어느 쪽에서 흘러들건 강물 앞에는 가파른 언덕이 솟아 있기 때문이지.

이들 온갖 종류의 수많은 큰 강들 가운데 네 강이 특별해. 이 중에서 가장 크고 맨 바깥쪽으로 원을 그리며 흐르는 것이 이른

11 시켈리아(Sikelia)는 시칠리아의 그리스어 이름이다.

12 『일리아스』 8권 14행.

13 타르타로스는 신들에게 죄지은 자들이 갇혀 사는 지하 가장 깊숙한 곳이다.

바 오케아노스[14]야. 그 바로 맞은편에서 반대 방향으로 흐르는 것
113a 이 아케론[15]인데, 이 강은 여러 사막을 지나 지하로 흐르다가 아케
루시아스[16] 호수에 이르지. 사자(死者)들의 혼은 대부분 그곳에 모
여서 더러는 더 길게, 더러는 더 짧게 일정 기간을 머무른 뒤 다시
동물로 태어나도록 돌려보내진다네. 세 번째 강은 이 두 강 사이에
서 흘러나와 그 발원지 근처에서 온통 화염에 싸인 방대한 지역으
로 떨어져 우리 바다[17]보다 더 큰, 진흙탕 물이 부글부글 끓는 호
b 수를 만들지. 이 강은 그곳을 뒤로하고 진흙탕 상태로 원을 그리
며 지하로 구불구불 나아가다가 다른 곳을 거쳐 아케루시아스 호
수 가장자리에 이르지만 그 물과는 섞이지 않아. 그러고 나서 이
강은 지하로 여러 번 구불구불 나아간 뒤 낮은 지점에서 타르타로
스로 쏟아지지. 이것이 이른바 퓌리플레게톤[18] 강인데, 대지의 여
러 곳에서 분출하는 용암은 이 강의 파편들이야. 바로 이 강 맞은
편에서 네 번째 강이 흘러나와, 전해오는 이야기에 따르면 맨 먼저
온통 군청색을 띠는 무섭고도 거친 장소로 흘러드는데, 그 장소는
c 스튁스 지역이라 불리고, 강물이 흘러들어 생긴 호수는 스튁스[19]라
고 불린다네. 그곳으로 흘러들어 물에 무서운 힘을 얻게 된 이 강
은 지하를 지나 퓌리플레게톤 강과는 반대 방향으로 구불구불 나
아가다가 반대 방향으로 해서 아케루시아스 호수에서 퓌리플레게
톤 강과 만난다네. 이 강의 물도 다른 물과 섞이지 않고 원을 그리
며 나아가다가 퓌리플레게톤 강 맞은편에서 타르타로스로 떨어지
는데, 시인들에 따르면 이 강의 이름은 코퀴토스[20]래.

그것들의 본성은 그렇다네. 사자들이 저마다 자신의 수호신이 d
인도하는 곳에 도착하면, 그들은 먼저 아름답고 경건하게 살았는
지 아닌지 재판받게 돼. 그리고 좋지도 않고 나쁘지도 않은 그저
그런 삶을 살다 간 사람들은 아케론에 가서 그들을 위해 준비되어
있는 배들에 올라 그것들을 타고 호수에 도착하지. 그들은 그곳에
살면서 자신들이 지은 죗값을 치름으로써 정화되기도 하고, 선행 e
에 대해서는 각자 응분의 보답을 받는다네. 성물(聖物)을 여러 차
례에 걸쳐 대규모로 훔쳤거나 사악하고 혐오스러운 살인을 저질
렀거나 그 밖에 그런 종류의 범죄를 저지른 까닭에, 지은 죄가 커
서 치유할 수 없다고 판단되는 자들은 그들에게 합당한 운명에 따
라 타르타로스에 내던져져 다시는 그곳에서 나오지 못한다네. 그
러나 큰 죄를 저지르긴 했지만 그 죄가 치유 가능하다고 판단되는
자들, 이를테면 욱기가 나서 아버지나 어머니를 폭행했지만 후회 114a
속에서 여생을 살다 간 사람들이라든가 그와 비슷하게 사람을 죽
인 자들은 반드시 타르타로스에 떨어져야 하지만, 그곳에 1년을

14 오케아노스(Okeanos)는 고대 그리스인들에게 대양(大洋)이 아니라, 대지를 감돌아 흐르는 큰 강이다.

15 Acheron.

16 Acherousias.

17 지중해.

18 Pyriphlegeton. '불타는'이라는 뜻이다.

19 Styx. '혐오스러운'이라는 뜻이다.

20 Kokytos. '비탄'이라는 뜻이다.

머무르고 나면 물결이 그들을 밖으로 내던지는데, 살인자들은 코
퀴토스로 해서, 아버지나 어머니를 폭행한 자들은 퓌리플레게톤
으로 해서 내던져진다네. 그들이 아케루시아스 호수 쪽으로 강물
에 실려오면 자신들이 죽였거나 폭행한 사람들을 큰 소리로 부르
며 강물에서 나와 호수로 들어갈 수 있도록 자신들을 받아달라고
b 애걸복걸하지. 그들이 설득에 성공하면 강물에서 나와 고통이 끝
나지만, 설득에 실패하면 다시 타르타로스로 실려갔다가 그곳에
서 강들로 휩쓸리는데, 자신들이 해코지한 사람들을 설득할 때까
지 이런 고통이 계속돼. 이것이 재판관들이 그들에게 내린 형벌이
기 때문이지. 그러나 남달리 경건한 삶을 살았다는 판결을 받은
사람들은 마치 감옥에서 풀려나듯 대지 안의 이들 지역에서 해방
c 되고 풀려나 순수한 거처로 올라와서는 대지 위에 거주한다네. 이
들 가운데 철학으로 충분히 정화된 사람들은 앞으로는 전적으로
몸 없이 살며 더 아름다운 거처들에 이르는데, 그 거처들은 설명
하기가 쉽지 않고 지금은 그럴 시간도 없네. 하지만 심미아스, 우
리가 말한 것들 때문에라도 우리는 살아 있는 동안 미덕과 지혜를
얻기 위해 최선을 다해야 하네. 그 상(賞)은 아름답고, 희망 또한
크기 때문일세.

d 물론 이 일들이 내가 말한 그대로라고 우기는 것은 분별 있는
사람에게는 어울리지 않는 일이겠지. 하지만 혼은 죽지 않는다는
것이 밝혀진 만큼, 우리의 혼과 그 거처가 실제로 그와 같거나 비
슷하리라고 믿는 것은 적절하고도 가치 있는 모험이라고 나는 생

각하네. 그것은 고상한 모험이니까. 그래서 우리는 그런 것들을
주문(呪文)처럼 되풀이해서 외어야 하네. 내가 이야기를 그렇게
늘인 것도 그 때문일세. 또한 그렇기 때문에 생전에 몸의 쾌락과 e
장식은 이롭기보다는 해롭다 여겨 자신과 무관한 것으로 거부하
고는 배우는 즐거움에 열중함으로써 자신의 혼을 남에게서 빌려
온 장식물이 아니라 절제, 정의, 용기, 자유, 진리 같은 혼 자체의 115a
장식물로 꾸민 다음 운명이 부르면 언제든 저승으로 떠날 각오가
되어 있는 사람은 자신의 혼에 대해 안심할 수 있다네. 심미아스
와 케베스와 그 밖에 다른 사람들이여, 자네들도 앞으로 언젠가
는 저마다 저승으로 여행을 떠나게 될 걸세. 그러나 나는 지금, 비
극의 등장인물이 쓸 법한 말투를 따르면, 운명의 부름을 받고 있
네. 내가 목욕할 시간이 된 것 같다는 말일세. 여인들이 내 시신을
목욕시키는 수고를 하지 않도록, 내가 독약을 마시기 전에 목욕하
는 것이 더 낫다고 생각하기 때문이지."

동굴의 비유

『국가』(514a~517a)에서

514a 그래서 내[1]가 말했네. "그럼 이번에는 우리의 본성이 교육받았을 때와 교육받지 않았을 때의 차이를 비교해보기 위해 다음과 같이 상상해보게. 여기 지하 동굴이 하나 있고 그 안에 사람들이 살고 있다고 생각해보게. 동굴의 입구는 길고 동굴 자체만큼 넓으며 빛을 향해 열려 있네. 그들은 어릴 때부터 다리와 목이 쇠사슬에 묶
b 여 있었기에 언제나 같은 곳에 머물러 있으며, 쇠사슬 때문에 고개를 돌릴 수 없어 앞쪽밖에 볼 수 없네. 그들의 뒤편 저 멀리 위쪽으로부터는 불빛이 그들을 비추고 있으며, 불과 수감자들 사이에는 위쪽으로 길이 나 있고, 그 길을 따라서는 나지막한 담이 쌓여 있네. 그 담은 인형극 연출자들이 인형극을 보여주기 위해 자기들 앞에다 세우는 무대와도 비슷하네."[2]

"네, 상상하고 있어요" 하고 그[3]가 말했네.

"그렇다면 이것도 상상하도록 하게. 사람들은 그 담을 따라 담

위로 각종 도구들과 입상들과 돌이나 나무로 만든 동물들의 형상 c
들과 인공물을 운반하고 있는데, 그들 중 더러는 말을 하고 더러 515a
는 침묵을 지키고 있네."

그러자 그가 말했네. "선생님께서는 이상한 수감자들의 이상한 그림을 보여주시는군요."

그래서 내가 말했네. "우리와 같은 사람들을 보여줄 뿐이네. 자네는 그런 처지에 놓인 사람들이 자신들에 관해서건 남들에 관해서건 불빛에 의해 맞은편 동굴 벽면에 투영된 그림자들 외에 무엇을 보았을 것이라고 생각하는가?"

"그들이 평생 동안 고개를 돌릴 수 없게 되어 있다면 어떻게 다 b
른 것을 볼 수 있겠어요?" 하고 그가 물었네.

"운반되고 있는 다른 물체들은 어떤가? 역시 그림자밖에 보지 못하겠지?"

"그렇다마다요."

"그런데 만약 그들이 말을 주고받을 수 있다면, 그들은 자기들

1 소크라테스.

2 이하 도형들은 독자의 이해를 돕기 위해 애덤(J. Adam)의 것을 소개한 것이다.

3 글라우콘(Glaukon).

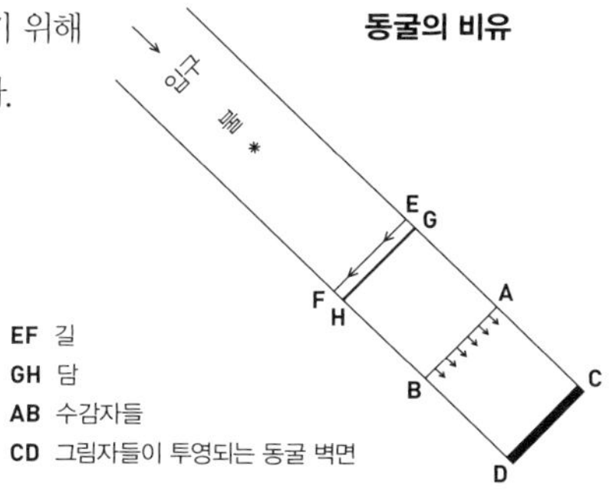

이 본 그림자들이 실재라고 믿지 않을까?"

"당연하지요."

"어떤가? 또한 감옥 맞은편에서 메아리가 울려오게 되어 있다면, 지나가던 사람들이 말을 할 때마다 그들은 자기들이 들은 소리가 다름 아니라 자기들 앞을 지나가는 그림자에서 나온 것으로 믿을 것이라고 자네는 생각하지 않는가?"

"제우스에 맹세코, 나는 그럴 것이라고 생각해요" 하고 그가 대답했네.

c 그래서 내가 말했네. "어쨌거나 그들은 인공물의 그림자 외에는 다른 어떤 것도 진짜라고 생각하지 않을 것이네."

"그야 당연하지요" 하고 그가 말했네.

그래서 내가 말했네. "그렇다면 어떻게 해야 그들이 쇠사슬에서 해방되고 어리석음에서 치유될 수 있을지 고찰해보게. 그리고 그들이 자연스러운 상태로 돌아갈 수 있도록 다음과 같은 일이 그들에게 일어날 수 있는지도 고찰해보게. 그들 가운데 누가 쇠사슬에서 풀려나 갑자기 일어서서 고개를 돌리고 몸을 움직이며 불빛을 쳐다보도록 강요받는다면, 그는 고통받을 것이며 광채에 눈이 부
d 셔서 여태까지 보아온 그림자들의 실물들을 바라볼 수가 없을 걸세. 만약 어떤 사람이 그에게 그가 지금까지 보아온 것들은 하찮은 것들에 불과하지만 지금은 실재에 더 가깝고 실재성이 더 많은 사물들을 향하고 있으므로 더 올바르게 볼 수 있을 것이라고 말하면서 지나가는 것을 일일이 가리키며 저게 뭐냐고 묻고 일일이

대답하도록 강요한다면, 그는 뭐라고 말할까? 그는 당황하지 않을까? 그리고 전에 보았던 것들이 지금 자기에게 지시된 것들보다 더 진실한 것이라고 생각하지 않을까?"

"훨씬 더 진실하다고 생각하겠지요" 하고 그가 말했네.

"또한 직접 불을 보도록 강요당한다면 그는 눈이 아파서 자기가 볼 수 있는 사물들을 향해 달아나지 않을까? 그리고 그 사물들이 e
지금 자기에게 지시된 것들보다 더 명확하다고 생각하지 않을까?"

"그러겠지요" 하고 그가 말했네.

그래서 내가 말했네. "또한 누가 거칠고 험한 오르막길을 통해 그를 억지로 그곳에서 끌어내며 햇빛 비치는 곳으로 나올 때까지 붙들고 놓아주지 않는다면, 그는 괴로워하며 반항하지 않을까? 또한 햇빛 비치는 곳으로 나오면 눈이 광채로 가득 차서 지금 진실 516a
한 것이라고 일컬어지는 것들을 하나도 볼 수 없지 않을까?"

"적어도 당장에는 볼 수 없겠지요" 하고 그가 말했네.

"그렇겠지. 위쪽에 있는 사물들을 보려면 그것에 익숙해지지 않으면 안 될 테니까. 그는 역시 처음에는 그림자를 가장 쉽게 볼 수 있을 것이고, 다음에는 물에 비친 사람들이나 다른 사물들의 영상을 볼 수 있을 것이고, 마지막에는 실물 자체를 볼 수 있을 것이네. 그다음으로 그는 하늘에 있는 것들과 하늘 자체를 보게 될 텐데, 그에게는 밤에 별빛이나 달빛을 보는 것이 낮에 해나 햇빛을 b
보는 것보다 더 수월할 것이네."

"어찌 그렇지 않겠어요?"

"마지막에는 태양을 보게 될 텐데, 물이나 그 밖에 태양이 본래 있어야 할 장소가 아닌 다른 장소에 비친 영상을 보는 것이 아니라, 본래 있어야 할 장소에서 태양 자체를 직접 보며 관찰하게 될 것이네."

"당연하지요" 하고 그가 말했네.

"그다음 그는 벌써 계절과 해[年]를 만들어내는 것이 바로 태양이며, 또한 태양이 가시적인 세계 안에 있는 모든 것을 관장할 뿐
c 아니라, 어떤 의미에서는 그와 그의 동료 수감자들이 동굴 안에서 보아온 모든 것의 원인이 된다는 결론에 도달할 것이네."

"그런 과정을 거친다면 분명 그런 결론에 도달겠지요" 하고 그가 말했네.

"어떤가? 그는 전에 자기가 살던 곳이나 그곳에서의 지혜나 당시의 동료 수감자들을 회상하게 되면, 자기 신상에 일어난 변화를 다행으로 여기는 반면 동료 수감자들은 불쌍하게 여기지 않을까?"

"그야 물론이지요."

"그런데 당시 그들 사이에는 지나가는 그림자들을 가장 예리하게 관찰하여 그중 어느 것이 앞서가고 어느 것이 뒤따라가고 어느
d 것이 같이 가는지 잘 기억해두었다가 가장 잘 알아맞힐 수 있는 사람에게 명예와 찬사와 상을 주는 관습이 있었다면, 그는 아직도 그런 것들을 갖고 싶어 하거나 그들 사이에서 존경받는 유력자들을 부러워할까? 아니면 그들처럼 생각하고 그들처럼 살 바엔 차라리 호메로스의 말처럼 '재산도 없는 사람 밑에서 품이라도 팔거

나',[4] 그 밖의 어떤 고통이라도 달게 받고 싶어 할까?"

"내 생각에, 그는 그렇게 사느니 차라리 어떤 고통이라도 달게 e
받고 싶어 할 것 같은데요" 하고 그가 말했네.

그래서 내가 말했네. "그렇다면 다음과 같은 점도 생각해보게. 만약 그런 사람이 도로 동굴로 내려가서 옛날 그 자리에 앉게 되면, 햇빛 비치는 곳에서 갑자기 온 까닭에 그의 눈은 어둠으로 가득 차지 않을까?"

"그야 당연하지요" 하고 그가 말했네.

"또한 그의 시력이 약해져 있는 동안, 그곳을 떠난 적이 없는 수감자들과 다시 그림자를 식별하는 경쟁을 해야 한다면, 시력이 회
복되기 전에는—어둠에 익숙해지려면 시간이 꽤 걸릴 것이네— 517a
그는 웃음거리가 되지 않을까? 그리고 그들은 그를 두고 이렇게 말하지 않을까? '그는 위쪽으로 올라가더니 눈이 상해서 돌아왔군. 위쪽으로 올라가려고 하는 것 자체가 잘못이지. 쇠사슬을 풀어주며 위쪽으로 데려가려는 자는 잡아 죽일 수만 있으면 모조리 죽여야 해'라고 말일세."

"틀림없이 그렇게 말하겠지요" 하고 그가 말했네.

4 『오뒷세이아』 11권 489~491행, 『국가』 제3권 386c 참조.

에르(Er)의 저승 여행

『국가』(614b~621d)에서

614b 그래서 내[1]가 말했네. "내가 이야기하려는 것은 알키노오스의 이야기[2]가 아니라 어떤 용감한 남자, 즉 팜필리아[3] 출신인 아르메니오스의 아들 에르[4]의 이야기일세. 에르는 언젠가 전사(戰死)한 적이 있는데, 열흘 뒤 시신들을 수습할 때 다른 시신들은 이미 썩어가고 있었지만 그의 시신만은 썩지 않았네. 고향으로 운구된 그는 열이틀째 되던 날 장례를 치르기 전에 화장용 장작더미 위에 누워 있다가 되살아나서 저승에서 본 것들을 들려주었네.

c 에르에 따르면, 그의 혼은 다른 많은 혼들과 함께 길을 떠나 어떤 불가사의한 장소[5]에 도착했대. 그곳에는 땅에 구멍 두 개가 나란히 나 있고, 그 맞은편 하늘 쪽에도 다른 구멍 두 개가 나 있었대. 이들 하늘 쪽 구멍들과 땅 쪽 구멍들 사이에는 재판관들이 앉아 있었는데, 이들은 판결을 내린 뒤 올바른 자들에게는 판결 내용을 나타내는 표지를 앞에 달고 하늘로 통하는 오른쪽 길로 올

라가도록 명령하고, 불의한 자들에게는 이들 역시 지금까지 행한 모든 것을 나타내는 표지를 등 뒤에 달고 아래로 내려가는 왼쪽 길로 가도록 명령했대. 한데 에르가 재판관들 앞에 나타나자, 그 d
들은 그는 저승의 일을 인간들에게 전하는 사자(使者)가 되어야 하는 만큼 저승에서 일어나는 일을 하나도 빠짐없이 듣고 보라고 이르더래.

그리하여 그는 혼들이 재판받은 다음 하늘 쪽 구멍 하나와 땅 쪽 구멍 하나를 통해 떠나가는 모습을 봤으며, 나머지 두 구멍 가운데 땅 쪽 구멍에서는 때와 먼지에 찌든 혼들이 올라오고, 하늘

1 소크라테스.

2 '알키노오스의 이야기'란 오뒷세우스가 귀향하던 도중 스케리아(Scheria) 섬에 표류하여 그곳 왕인 알키노오스(Alkinoos)에게 들려준 이야기로, 『오뒷세우스』 9~12권을 가리키는 말이다. 여기에서는 길고 지루한 이야기라는 뜻도 내포되어 있는 듯하다. '알키노오스의 이야기'와 에르의 이야기는 주인공이 저승에 다녀왔다는 점에서 공통점이 있다.

3 팜필리아(Pamphylia)는 소아시아 남해안 지방으로, 그 남동쪽에 퀴프로스(Kypros) 섬이 자리 잡고 있다.

4 에르(Er)는 히브리계 이름인 것 같다. 「누가복음」 3장 28절 참조.

5 애덤은 불가사의한 장소 또는 초원을 그림과 같이 상상하고 있다.

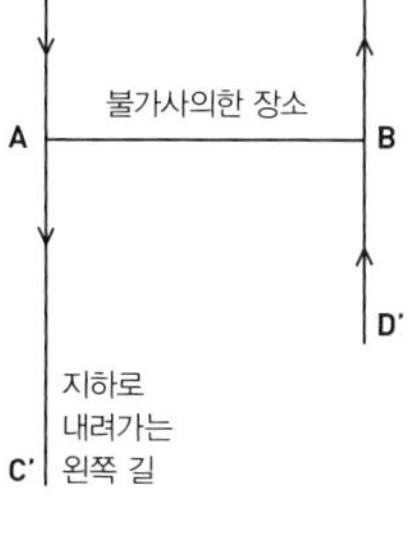

e 쪽 구멍에서는 정결한 혼들이 내려오는 모습이 보이더래. 그런데 도착하는 혼들은 언제나 긴 여행에서 돌아온 듯이 보였고, 이 초원에 도착한 것을 몹시 기뻐하며 마치 축제장에 도착한 듯 그곳에서 야영하더래. 서로 아는 혼들끼리는 인사를 나누었고, 땅 쪽에서 온 혼들은 다른 혼들에게 그곳 사정을 묻고, 하늘 쪽에서 혼들은 땅 쪽에서 온 혼들에게 그곳 사정을 묻더래. 이들은 서로 이야
615a 기를 주고받았는데, 한쪽에서는 천 년이나 걸린 지하 여행에서 얼마나 많은 것을 보고 겪었는지 회상하고는 비탄의 눈물을 흘리며 이야기하고, 하늘 쪽에서 내려온 혼들은 그곳에서 누린 행복과 그곳에서 본 이루 말할 수 없이 아름다운 광경을 이야기하더래.

글라우콘, 이런 것들을 세세히 다 이야기하자면 시간이 많이 걸릴 것이네. 그가 들려준 이야기의 요지는 다음과 같네. 혼들은 누구에게 무슨 불의를 저지르건 그 하나하나의 불의와 피해자 한 사람 한 사람에 대해 열 번을 되풀이해서 차례차례 벌을 받아야
b 한대. 그러니까 자기가 저지른 불의에 열 배로 보상하기 위해, 인생을 백 년으로 치고 백 년마다 한 번씩 벌을 받아야 한대. 예컨대 국가나 군대를 배반하여 많은 사람들이 죽게 만들거나 많은 사람들을 노예로 만들거나 그 밖의 다른 악행에 가담한 자들이 있다면, 이들은 이러한 모든 악행 하나하나에 대해 열 배의 고통을 받아야 한대. 마찬가지로 선행을 행한 적이 있거나 올바르고 경건하게 처신한 적이 있으면, 같은 비율에 따라 그에 대한 보답을 받는대. 에르는 그 밖에도 태어나자마자 죽었거나 잠시밖에 살지 못한

영아들에 관해서도 다른 이야기들을 들려주었지만 여기서 언급할 c
가치는 없네. 또한 그에 따르면, 신들에 대한 경건이나 불경, 부모
에 대한 효도나 불효 또는 살인 행위에 대해서는 훨씬 더 큰 보답
이 주어지거나 더 큰 벌이 내려진대.

에르에 따르면, 자기는 어떤 혼이 다른 혼에게 아르디아이오스[6]
대왕이 어디 있느냐고 물었을 때 그 자리에 있었대. 전해오는 이야
기에 따르면, 아르디아이오스라는 자는 그때부터 천 년 전에 늙은
아버지와 형을 죽이는 등 불경한 짓을 많이 저지르고 팜퓔리아 지 d
방에 있는 어느 나라의 참주가 됐대. 그런데 에르에 따르면, 질문
을 받은 혼이 이렇게 대답하더래. '그자는 여기에 오지 않았고, 아
마 오지 못할 걸세. 우리는 끔찍한 광경을 많이 봤는데 이것도 그
중 하나일세. 우리가 다른 고통을 모두 받은 뒤 출구 가까이 다가
가서 막 빠져나오려는데 갑자기 그자가 다른 자들과 함께 있는 것
이 눈에 띄었네. 이들은 대개 참주들이었지만, 사인(私人)으로서
큰 죄를 지은 자도 더러 있었네. 이들은 이제는 빠져나갈 수 있으 e
리라고 믿었지만, 출구가 이들을 받아주지 않았네. 출구는 개과
천선이 불가능한 자나 아직도 충분히 벌 받지 않은 자가 나가려고
하면 노호했으니까.' 질문 받은 자는 다음과 같이 말을 잇더래. '그
러자 그곳에 대기하고 있던, 보기에 불과 같은 사나운 자들이 그

6 아르디아이오스(Ardiaios)에 관해서는 달리 알려진 것이 없다.

소리를 알아듣고 그중 일부는 꼭 붙잡은 다음 데리고 가버렸지만,
616a 아르디아이오스와 다른 자들은 손발과 머리를 함께 묶고 나서 쓰
러뜨리더니 마구 때렸네. 그러고는 출구 밖으로 끌고 나가 길가의
가시덤불[7]로 그들의 살을 훑으면서, 지나가는 자들에게 그들이 왜
끌려가는지 설명하며 그들은 이제 타르타로스[8]에 던져질 것이라
고 말했네.' 에르에 따르면, 그들은 그곳에서 수많은 공포를 경험
했지만 누구에게나 가장 두려웠던 것은 출구를 지나 위쪽으로 올
라가려고 할 때 노호하는 소리가 들리지 않을까 하는 것이었대.
그래서 출구가 침묵할 때 각자는 말할 수 없이 기뻐하며 올라갔
b 대. 그곳에서 이루어지는 벌과 보상은 이상과 같은 것이었으며, 축
복도 거기에 상응하는 것이었대.

각 집단은 초원에서 이레를 머문 뒤 여드레째 되는 날 그곳을
떠나 다시 여행을 계속해야 했는데, 이들은 길을 떠난 지 나흘째
되는 날 어떤 곳에 도착했대. 그리고 그곳에서 그들은 곧은 광선
이 기둥처럼 위에서부터 하늘 전체와 대지를 꿰뚫고 뻗어 있는 것
을 보았대.[9] 그 광선은 무엇보다도 무지개와 비슷했지만 더 선명하
고 더 순수했대. 하룻길을 더 가서 광선이 있는 곳에 도착한 그들
c 은 광선 가운데에 서서 하늘의 띠의 양 끝이 하늘에서 뻗어 내려
와 있는 것을 보았대. 이 광선은 삼단노선[10]의 아랫부분에 두르는
밧줄처럼 회전하는 천구 전체를 졸라매는 하늘의 띠이기 때문이
래. 또한 그 양 끝에서 필연의 여신 아낭케[11]의 방추(紡錘)가 뻗어
있는 것을 봤는데, 이 방추에 의해 모든 천구가 회전하게 되어 있

더래. 이 방추의 굴대와 갈고리는 아다마스[12]로 되어 있었지만, 회전바퀴는 일부는 아다마스로, 일부는 다른 소재로 되어 있더래.

이 회전바퀴는 다음과 같은 것이었대. 모양은 여기에 있는 것과 d
같지만, 에르가 들려준 이야기로 미루어 이 회전바퀴는 마치 꽉
끼여 있는 그릇들처럼 속을 몽땅 드러낸 하나의 커다란 회전바퀴
안에 그보다 작은 또 다른 회전바퀴가 끼워져 있었던 것 같네. 이
런 식으로 세 번째 바퀴와 네 번째 바퀴가 끼워지고, 그 밖에도 다
른 바퀴 네 개가 더 끼워져 있었던 것 같네. 회전바퀴는 모두 여덟
개였는데, 이것들은 꽉 끼워져 있었기 때문에 위에서 보면 그 가장 e

7 가시덤불(aspalathos)을 고문 도구로 보는 이들도 있다.

8 타르타로스(Tartaros)는 신들에게 대항하거나 큰 죄를 지은 자들이 영겁의 벌을 받는 저승의 가장 깊은 곳이다.

9 이 광선은 우주의 중심을 관통할뿐더러 그림에서 볼 수 있듯이 우주 전체를 바깥에서 졸라매고 있는데, 은하수를 가리키는 것 같다.

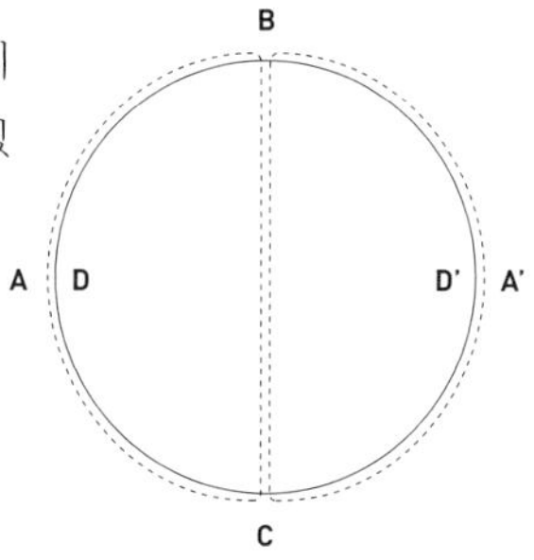

10 삼단노선(trieres)은 좌우 양현에 노 젓는 자리들이 3층씩 있는, 당시로서는 최신형 전함이었다. 길이 37미터, 최대 너비 5미터이며, 노꾼만 170명이나 되었고 모두 200명쯤 승선했다.

11 Ananke.

12 adamas. 고대 그리스에서 가장 견고한 금속으로, 강철을 가리키는 말인 것 같다.

자리들이 원(圓)으로 보였을뿐더러, 전체가 여덟 번째 바퀴를 관통하는 굴대를 중심으로 연속된 표면을 가진 단 하나의 회전바퀴를 이루고 있었다니 말일세.[13]

이들 회전바퀴 중에서 맨 바깥쪽 첫 번째 것의 가장자리 원이 가장 넓고, 여섯 번째 것이 두 번째로 넓고, 세 번째로 넓은 것은 네 번째 것이고, 네 번째로 넓은 것은 여덟 번째 것이고, 다섯 번째로 넓은 것은 일곱 번째 것이고, 여섯 번째로 넓은 것은 다섯 번째 것이고, 일곱 번째로 넓은 것은 세 번째 것이고, 여덟 번째로 넓은 것은 두 번째 것이었대. 또한 가장 큰 회전바퀴의 가장자리는 번쩍번쩍 빛나고, 일곱 번째 회전바퀴의 가장자리는 가장 밝고, 여덟 번째 회전바퀴의 가장자리는 일곱 번째 회전바퀴에 반사되어 색
617a 채를 얻고, 두 번째와 다섯 번째 회전바퀴의 가장자리는 서로 비슷한데 다른 것들보다 더 노르스름하고, 세 번째 회전바퀴의 가장자리는 가장 하얀빛을 띠고, 네 번째 회전바퀴의 가장자리는 불그스름하고, 여섯 번째 회전바퀴의 가장자리는 세 번째 회전바퀴 가장자리 다음으로 가장 희었대. 방추 전체는 같은 방향으로 회전운동을 하는데, 회전하는 방추 전체 안에서 안쪽의 일곱 원은 전체와 반대방향으로 천천히 회전하더래. 그리고 이 일곱 원 중에서
b 바깥쪽에서 여덟 번째 것이 가장 빨리 움직이고, 일곱 번째와 여섯 번째와 다섯 번째 것이 그다음으로 빠른데, 이것들은 함께 움직이더래. 회전운동에서 세 번째로 빠른 것은 그들이 보기에 전체와 반대방향으로 움직이는 네 번째 것이고, 네 번째로 빠른 것은

세 번째 것이고, 다섯 번째로 빠른 것은 두 번째 것이더래.[14] 그리고 방추는 아낭케 여신의 무릎에서 돌고 있더래.

13 그림으로 나타내면 다음과 같다.

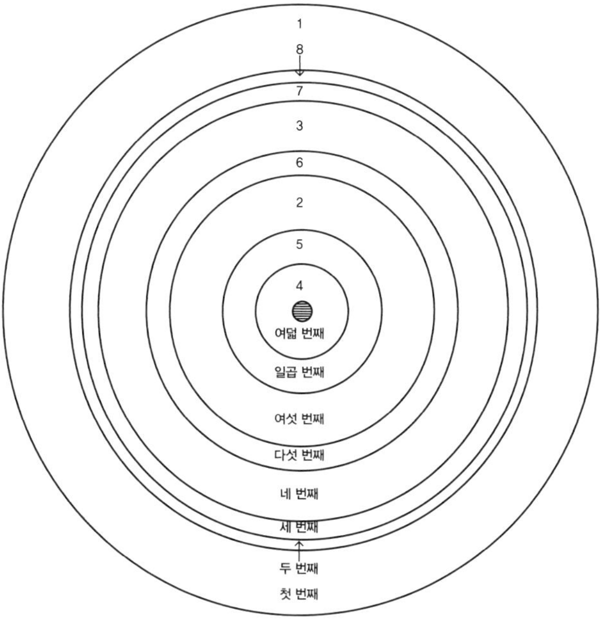

14 도표로 나타내면 다음과 같다.

바깥쪽부터의 순서	천체 이름	너비 순	속도 순
1	항성	1	
2	토성	8	5
3	목성	7	4
4	화성	3	3
5	수성	6	2
6	금성	2	2
7	태양	5	2
8	달	4	1

방추의 원마다 세이렌[15]이 한 명씩 타고 앉아 원과 함께 돌면서
단 하나의 소리, 단 하나의 음을 내는데, 이 여덟 음이 서로 어우
c 러져 하나의 화음을 이루더래. 이들 주위에는 다른 세 여신이 같
은 간격을 두고 각자 자기 옥좌에 앉아 있었는데, 이름이 라케시
스, 클로토, 아트로포스[16]인 이들은 아낭케 여신의 딸들인 운명의
여신들[17]로 소복 차림에 머리에 화관을 쓰고 있더래. 이들은 세이
렌들의 화음에 맞춰 라케시스는 과거의 일을, 클로토는 현재의 일
을, 아트로포스는 미래의 일을 노래하더래. 그리고 클로토는 방추
의 바깥쪽 가장자리들에 오른손을 얹으며 이따금 같이 돌리고,
마찬가지로 아트로포스도 안쪽 가장자리들에 왼손을 얹으며 같
d 이 돌리고, 라케시스는 양쪽 가장자리들에 양손을 번갈아가며 얹
더래.

그곳에 도착한 혼들은 곧바로 라케시스 앞으로 나아가야 했는
데, 어떤 대변자가 먼저 그들을 정렬시킨 뒤 라케시스의 무릎 사
이에서 제비와 삶의 견본들을 가져오더니 높은 단(壇) 위에 올라
다음과 같이 말하더래. '이는 아낭케 여신의 따님이신 처녀신 라
케시스의 분부이시다. 하루살이 혼들이여, 죽게 마련인 족속의
e 죽음을 가져다줄 또 다른 주기(週期)가 시작된다. 수호신[18]이 너희
를 선택하는 것이 아니라, 너희가 수호신을 선택할 것이다. 첫 번
째 제비를 뽑은 자가 먼저 삶을 선택하라. 일단 선택하면 그는 반
드시 그 삶과 함께해야 한다. 미덕은 누구의 지배도 받지 않는다.
각자가 미덕을 존중하느냐 경시하느냐에 따라 미덕을 더 많이 갖

거나 더 적게 가질 것이다. 책임은 선택한 자에게 있고, 신은 아무
책임이 없다.'

그렇게 말하고 나서 대변자는 제비들을 그들 모두를 향해 던졌
는데, 모두들 자기 옆에 떨어진 제비를 집더래. 그러나 에르는 대
변자가 그렇게 하는 것을 허용하지 않아 집지 않았대. 하지만 제 618a
비를 집은 자들은 자기 순번을 알게 되었대. 그러고 나서 이번에
는 대변자가 그들 앞 땅바닥에 삶의 견본들을 갖다놓았는데, 그
수는 그곳에 있는 혼들보다 훨씬 많더래. 견본들은 여러 가지였는
데 모든 동물의 삶은 물론이고 인간의 삶도 없는 것이 없더래. 그
중에는 참주들의 삶도 있었는데, 평생 동안 계속되는 것들도 있
고, 도중에 망해서 가난과 추방과 거지 신세로 끝나는 것들도 있
더래. 명망가들의 삶도 있었는데, 더러는 잘생긴 외모나 강한 체력
이나 경기(競技)로 유명해진 자들의 삶이고, 더러는 가문이나 선 b
조들의 미덕으로 유명해진 자들의 삶이더래. 또한 그런 점에서 유
명하지 못한 자들의 삶도 있었는데, 그 점에서는 여자들의 삶도

15 세이렌(Seiren 복수형 Seirenes)은 지나가는 선원들을 노래로 유혹하여 난파당하게 한다는 요정이다. 『오뒷세우스』 12권 39~52행 참조.

16 Lachesis('배분하는 여자'), Klotho('실 잣는 여자'), Atropos('되돌릴 수 없게 하는 여자').

17 Moirai.

18 daimon. 고대 그리스인들은 사람이 태어날 때 운명을 지켜주는 수호신이 배정된다고 믿었다.

마찬가지였대. 그러나 거기에 혼의 성향은 포함되지 않았는데, 다
른 삶을 선택한 혼은 필연적으로 다른 혼이 되기 때문이네. 그 밖
의 다른 점에서 삶들은 섞여 있었는데, 부와 가난이 섞인 것도 있
고 질병과 건강이 섞인 것도 있었으며, 이런 것들을 적당량 가진
것들도 더러 있더래.

여보게 글라우콘, 인간에게는 모든 운명이 바로 이 순간에 달
려 있는 것 같네. 그러므로 선한 삶과 악한 삶을 구별하여 가능한
c 모든 삶 중에서 언제 어디서나 더 선한 삶을 선택할 수 있는 능력
과 지식을 줄 수 있는 사람이 누구인지 알아내고 찾아내게 해주
는 공부가 있다면, 우리는 저마다 다른 공부는 다 뒤로 미루고 그
런 공부에 전념해야 할 것이네. 그러니 우리는 오늘 이 자리에서
논의된 모든 것이 함께 또는 따로따로 훌륭한 삶에 어떤 영향을
끼칠는지 심사숙고해야 할 것이네. 우리는 또한 아름다움이 가난
이나 부나 여러 성향의 혼과 결합할 때 어떤 일이 생기는지, 좋은
d 일이 생기는지 나쁜 일이 생기는지 알아야 하네. 또한 좋은 가문
과 나쁜 가문, 사인으로 남는 것과 관직에 진출하는 것, 체력이 강
한 것과 약한 것, 이해가 빠른 것과 느린 것 등등 혼의 선천적인 또
는 후천적인 모든 특성이 혼합될 때 어떤 일이 생기는지도 알아야
하네. 그래야만 우리는 이 모든 점을 고려하여 혼을 더 불의하게
만드는 쪽으로 인도하는 삶은 더 악한 삶이라 부르고 혼을 더 올
바르게 만드는 쪽으로 인도하는 삶은 더 선한 삶이라고 부르면서,
e 혼의 본성과 관련하여 더 악한 삶과 더 선한 삶 중에서 선택할 수

있을 것이네. 그렇게 되면 우리는 다른 일에는 완전히 무관심해질
것이네. 우리는 살아생전에나 죽은 뒤에나 이것이 최선의 선택이
라는 것을 보았기 때문이네. 따라서 우리는 이 점을 철석같이 믿 619a
고 저승으로 가야 하네. 그곳에 가서도 부나 그와 비슷한 다른 악
에 현혹되어 참주적인 행위나 그 밖에 그와 유사한 행위에 빠져들
어 돌이킬 수 없는 악행을 수없이 저지르고 우리 자신은 더 큰 불
행을 당하는 일이 없도록 말일세. 그래야만 우리는 그런 일들에
항상 중용을 지키며, 금생에서나 내생에서나 되도록 양극단을 피
할 수 있을 것이네. 그것이 인간에게는 최고의 행복에 이르는 길이 b
니까.

저승에서 살아 돌아온 사자에 따르면, 그때도 대변자는 이렇게
말하더래. '마지막에 온 자라도 현명하게 선택하고 진지하게 살아
간다면 결코 나쁘지 않은 바람직한 삶이 마련되어 있다. 맨 먼저
선택하는 자는 방심하지 말고, 맨 마지막에 선택하는 자는 낙담하
지 말지어다.'

에르에 따르면, 대변자가 그렇게 말하자 맨 먼저 선택하는 자가
곧장 앞으로 나아가더니 가장 큰 참주제를 선택하더래. 그는 어리
석음과 탐욕 때문에 깊이 생각해보지 않고 선택했고, 그래서 제 c
자식들의 고기를 먹을 운명과 그 밖의 다른 불행이 거기에 포함되
어 있는 것을 보지 못했대. 그러나 그는 시간 여유를 두고 곰곰이
생각해보더니 가슴을 치며 자신의 선택을 후회하더래. 그리고 대
변자가 미리 일러준 말을 귓등으로 들은 그는 자신의 불행을 자기

탓으로 돌리기는커녕 운수와 수호신들과 자기 아닌 모든 것을 원망하더래. 그는 하늘 쪽에서 도착한 자들 가운데 한 명으로, 전생에서는 질서정연한 국가에 살면서 지혜를 사랑하는 일 없이 습관
d 적으로 미덕에 관여했던 자래. 대체로 말하면 하늘 쪽에서 도착한 자들 가운데 적잖은 자들이 그런 실수를 저질렀는데, 그들은 고난을 통해 단련되지 않았기 때문이지. 반면 땅 쪽에서 도착한 자들은 대부분 자신들도 고통받고 남들이 고통받는 것도 보아왔기에 섣불리 선택하지 않더래. 이런 이유도 있고 제비뽑기의 운도 있고 해서 대부분의 혼들에게 악한 삶과 선한 삶이 뒤바뀌더래.
e 만약 누가 이승에 올 때마다 언제나 건전한 생각을 갖고 지혜를 사랑한다면, 또한 선택을 위한 순번이 마지막 쪽에 속하지만 않는다면, 저승으로부터의 보고로 미루어 그는 아마도 이승에서만 행복한 삶을 사는 것이 아니라, 이승에서 저승으로 갈 때나 저승에서 이승으로 돌아올 때나 땅속의 험한 길이 아니라 하늘의 순탄한 길을 지나게 될 테니 말일세.

에르에 따르면, 개개의 혼들이 자신들의 삶을 선택하는 광경이
620a 야말로 참으로 볼 만하더래. 그것은 가련해 보이기도 하고, 우스꽝스러워 보이기도 하고, 놀랍기도 한 광경이었대. 그도 그럴 것이, 대부분이 전생의 습관에 따라 선택하더래. 이를테면 그는 일찍이 오르페우스[19]에게 속했던 혼이, 오르페우스가 여자들의 손에 죽은 까닭에 여자의 배 속에 잉태되었다가 태어나기 싫어서 백조의 삶을 선택하는 것을 보았대. 그는 타뮈리스[20]의 혼이 꾀꼬리

의 삶을 선택하는 것도 보았대. 그는 또한 백조가 인간으로 태어나기 위해 인간의 삶을 선택하고, 마찬가지로 다른 음악적인 동물들도 그렇게 하는 것을 보았대. 스무 번째 제비를 뽑은 혼은 사자의 b
삶을 선택했는데, 그것은 무구 재판을 잊지 못해 인간이 되기가 싫어진 텔라몬의 아들 아이아스[21]의 혼이었대. 그다음 차례는 아가멤논[22]의 혼이었는데, 이 혼도 자기가 당한 불행 때문에 인간 종족이 싫어져서 독수리의 삶을 선택하더래. 중간쯤의 제비를 뽑은 혼들 중에는 아탈란테[23]의 혼이 있었는데, 이 혼은 달리기 선수에게 주어지는 큰 상을 보고는 그냥 지나칠 수가 없어 그것을 집더래. 에르는 그다음으로 파노페우스의 아들 에페이오스[24]의 혼이 c
손재주가 뛰어난 여자로 바뀌는 것을 보았고, 저 멀리 마지막 순번

19 오르페우스(Orpheus)는 저승의 신 하데스를 감동시킨 그리스의 전설적인 가인(歌人)으로, 훗날 고향인 트라케(Thraike) 여인들의 손에 찢겨 죽었다.

20 타뮈리스(Thamyris)도 뛰어난 가인인데, 무사 여신들에게 음악 경연을 자청했다가 지는 바람에 눈이 멀고 음악적인 재능까지 박탈당했다고 한다. 『일리아스』 2권 594행 이하 참조.

21 텔라몬(Telamon)의 아들 아이아스(Aias)는 트로이아(Troia) 전쟁 때 아킬레우스에 버금가는 장수였다. 아킬레우스가 죽은 뒤 그의 무구를 둘러싸고 아이아스와 오뒷세우스(Odysseus) 사이에 재판이 벌어졌을 때 그리스군 장수들이 오뒷세우스에게 표를 몰아주자, 아이아스는 충격을 받아 자살한다.

22 아가멤논(Agamemnon)은 트로이아 전쟁 때 그리스군 총사령관으로, 귀향하던 날 아내의 손에 살해당한다.

23 아탈란테(Atalante)는 미녀 사냥꾼으로 달리기 선수였다.

24 에페이오스(Epeios)는 트로이아의 목마(木馬)를 만든 목수이다.

쪽에 서 있던 어릿광대 테르시테스[25]가 원숭이로 바뀌는 것도 보았대. 마침 그때 모든 혼들 가운데 맨 마지막 순번을 뽑은 오뒷세우스의 혼이 선택하기 위해 앞으로 나섰는데, 전쟁의 갖가지 노고를 잊지 못한 그는 명예욕도 시들해져서 아무 걱정거리 없는 사인(私人)의 삶을 찾아 한참 헤매다가 그런 삶이 다른 자들에게 무시
d 당한 채 한쪽 구석에 처박혀 있는 것을 겨우 발견하고는, 자기는 설사 첫 번째 순번을 뽑았어도 같은 것을 선택했을 것이라며 기꺼이 그 삶을 선택하더래. 마찬가지로 동물들도 더러는 인간이 되고 더러는 다른 동물이 되었는데, 불의한 것들은 야수가 되고 올바른 것들은 유순한 동물이 됨으로써 온갖 가능한 혼합이 이루어지더래.

모든 혼이 삶의 선택을 마치고 제비 뽑은 순서대로 라케시스 앞으로 나아가니, 라케시스는 그들에게 각자가 선택한 수호신을 삶의
e 의 수호자로, 선택한 것의 집행자로 붙여주더래. 그러자 수호신은 자기가 맡은 혼을 먼저 클로토에게 안내하여 방추를 돌리고 있는 그녀의 손 밑으로 데려감으로써 그 혼이 추첨을 통해 선택한 운명을 확실한 것으로 만들더래. 그리고 수호신은 클로토에게 인사하고 나서 이번에는 실을 잣고 있는 아트로포스에게 혼을 데려가 주어진 운명의 실을 되돌릴 수 없는 것으로 만들더래. 거기서부터 수호신은 뒤돌아보지 않고 아낭케 여신의 옥좌 밑으로 가서 그곳을
621a 통과했는데, 다른 혼들도 모두 통과하자 그들은 다 함께 푹푹 찌는 무시무시한 더위를 뚫고 망각(忘却)의 들판[26]으로 나왔는데,

그곳에는 나무는 물론이고 무릇 땅에서 자라는 것은 하나도 없더래. 저녁이 되자 그들은 어떤 그릇으로도 그 물을 담을 수 없는 무념(無念)의 강[27]가에서 야영했대. 각자는 이 강물을 일정 양만큼 마셔야 했는데, 지혜의 도움을 받지 못한 자들은 정해진 양보다 더 많이 마셨대. 그리고 그 물을 마신 자는 누구나 모든 일을 잊 b
어버렸대. 그러고 나서 그들은 잠자리에 들었는데, 한밤중이 되자 천둥이 치고 땅이 흔들리더니 별안간 각자가 태어나기 위해 유성처럼 사방으로 날려가더래. 에르 자신은 강물을 마시는 것이 금지되어 있었지만 어디로 어떻게 해서 몸속으로 돌아왔는지 알 수 없고, 이른 아침에 갑자기 눈을 떠보니 자기가 화장용 장작더미 위에 누워 있더래.

그리하여 글라우콘, 이 이야기는 없어지지 않고 구제되었네. 그리고 우리가 이 이야기를 믿으면, 이 이야기는 우리를 구제해줄 걸 c
세. 그리하여 우리는 망각의 강을 무사히 건널 것이고, 우리의 혼을 더럽히지 않을 것이네. 따라서 내가 충고하고 싶은 것은, 우리는 혼이 불멸하며 어떤 악도 어떤 선도 감당할 수 있다는 것을 믿고 끊임없이 향상의 길을 나아가며 가능한 방법을 다해 지혜와 정

25 테르시테스는 트로이아 전쟁에 참가한 그리스인들 가운데 제일 못생긴 험담가이다. 『일리아스』 2권 212행 이하 참조.

26 Lethes pedion. 아리스토파네스, 『개구리』 186행에 처음 나오는 말이다.

27 Ameletes potamos. 망각의 강(ho tes Lethes potamos)의 다른 이름이다.

의를 추구해야 한다는 것이네. 그래야만 우리는 이승에 머무르는 동안에도, 경기의 우승자들이 상을 타가듯 우리가 나중에 정의의
d 상을 탈 때도, 우리 자신이나 신들과 친구가 될 수 있을 것이네. 또한 이승에서도, 앞서 우리가 이야기한 천 년의 여로에서도 우리는 행복할 수 있을 걸세."

날개 달린 혼

『파이드로스』(246a~257a)에서

246a 혼의 불멸성에 관해서는 이상으로 충분히 말했네. 그러나 혼의 형상[1]에 관해서는 다음과 같이 말해야겠지. 혼이 어떤 것인지 설명하려면 그야말로 초인적인 능력이 필요한 긴 이야기가 되겠지만, 혼이 무엇을 닮았는지는 인간도 간단하게 표현할 수 있다고. 그러니 우리는 나중 방식으로 논의하도록 하세. 그렇다면 우리는 혼을 날개 달린 한 쌍의 말과 마부가 하나로 결합된 것에 비기도록 하세. 그런데 신들의 말들과 마부들은 훌륭하고 혈통이 좋지만, 다
b 른 종족들의 말들과 마부들은 뒤섞여 있네. 우리 인간들의 경우 첫째, 마부가 모는 것은 한 쌍의 말이며, 둘째, 그중 한 필은 고상하고 훌륭하지만 다른 한 필은 혈통도 본성도 그와 정반대일세. 그래서 우리 마부의 업무는 어렵고 까다로울 수밖에 없네. 이번에는 어째서 어떤 생명체는 필멸의 존재라 불리고, 어떤 생명체는 불멸의 존재라 불리는지 논의해야 할 것이네. 모든 혼은 혼이 없는

모든 것을 돌보며 때로는 이런 형상으로 때로는 저런 형상으로 온 우주를 떠돌아다니네. 그런데 혼은 날개가 온전할 동안에는 높이 c 날며 온 우주를 지배하지만, 날개를 잃은 혼은 추락하다가 딱딱한 것에 앉게 되면 거기에 정착하여 지상의 몸을 취한다네. 지상의 몸은 혼의 힘 때문에 스스로 움직이는 것처럼 보이고, 혼과 몸이 하나로 결합된 전체는 생명체라고 불리며 필멸의 존재라고 일컬어지네. 그런 결합체가 불멸의 존재라고 불리는 것은 결코 논리에 맞지 않네. 그런데 우리는 본 적도 없고 충분히 인지한 적도 없지만 신이야말로 혼과 몸이 영원히 하나로 결합된 불멸의 존재라 d 고 상상한다네. 그러나 이런 문제들과 그에 관한 우리의 논의는 신의 뜻에 맡기도록 하고, 우리는 왜 혼이 날개를 잃게 되는지 그 이유를 고찰하도록 하세. 그것은 다음과 같다네.

날개는 본래 무거운 것을 신들의 종족이 거주하는 곳으로 높이 들어 올리는 힘을 갖고 있으며, 따라서 몸에 속하는 것들 중에서 신적인 것에 가장 많이 관여한다네. 그런데 신적인 것은 아름답고 지혜롭고 훌륭하고 그런 종류의 자질들을 모두 구비하고 있어서 이런 것들에 의해 혼은 날개가 무럭무럭 자라고 커지지만, 추함과 e 사악함 같은 그와 반대되는 자질들에 의해서는 혼의 날개가 오그라들고 사라진다네. 하늘에서는 위대한 지도자 제우스가 날개 달린 말들이 끄는 마차를 몰고 앞장서 나아가며 만물을 질서 있게

1 idea.

다스리고 돌본다네. 그 뒤를 신들과 수호신[2]들의 무리가 11개 부
247a 대로 나뉘어 따라간다네. 헤스티아[3] 여신만이 신들의 거처에 남
아 있고, 열두 신 가운데 나머지 열한 신은 저마다 자기에게 배속
된 부대를 이끌고 대오를 지어 나아가기 때문이지. 하늘 안쪽에는
복된 광경이 많이 보이고 이리저리 통로가 많이 나 있는데, 축복
받은 신들의 종족은 그 통로들을 오가며 각자 자기가 맡은 바 임
무를 수행하네. 그리고 누구든 그러기를 원하고 그럴 능력이 있는
자는 그 뒤를 따르네. 질투는 신들의 무리에서는 설 자리가 없기
때문이지. 그러나 그들이 연회와 잔치 자리에 갈 때는 하늘의 둥
b 근 천장으로 가파르게 올라가는데, 이때 신들의 마차들은 말들이
균형이 잘 맞고 제어하기가 쉬워 쉽게 나아가지만, 다른 마차들은
간신히 나아간다네. 마부가 잘못 훈련시키면 본성이 나쁜 말이 몸
이 무거워져서 자신의 무게로 마부를 아래로 끌어당기기 때문이
지. 그곳에서 혼은 마지막 시련과 어려움을 겪게 되지. 그러나 불
멸이라고 일컬어지는 혼들[4]은 정상에 이르자마자 바깥으로 나가
c 하늘의 등에 자리 잡고 서네. 그러면 그들은 곧바로 하늘의 회전
운동에 따라 돌면서 하늘 바깥에 있는 것들[5]을 관조하게 된다네.

혼의 실재 관조_혼의 추락과 화신

그러나 하늘 위의 영역은 아직 어떤 지상의 시인도 제대로 찬양한 적이 없으며, 앞으로도 그럴 일은 없을 것이네. 그러나 그것은 다

음과 같네. 내가 굳이 사실을 말하는 까닭은 특히 논의의 주제가 진리일 때는 우리가 용기를 내어 진리를 말해야 하기 때문이라네. 이 영역을 차지하고 있는 것은 색깔도 없고 형태도 없고 만질 수도 없고 혼의 키잡이인 지성에 의해서만 볼 수 있으며 모든 참된 지식이 관여하는 실재(實在)일세. 신의 마음은 지성과 순수 지식에 d
서 영양분을 섭취하는데, 그 점은 자기에게 맞는 것을 받아들이고 싶어 하는 모든 혼의 경우도 마찬가지라네. 그리하여 혼은 한동안 실재를 보고 진리를 관조하며 흐뭇해하는 가운데 영양분을 섭취하고 행복감을 느끼다가 결국 하늘의 회전운동에 따라 한 바퀴 돌아 제자리로 돌아온다네. 혼은 회전운동에 따라 같이 돌며 정의 자체와 절제 자체와 지식 자체를 보게 되는데, 이 지식은 시작이 있으며 우리가 여기서 실재라고 부르는 것들 중 어느 것과 관련되느냐에 따라 달라지는 그런 지식이 아니라, 진실로 실재하는 것 e
에 관한 진정한 지식이라네. 그리고 혼은 다른 실재들도 모두 보고 즐긴 뒤 다시 하늘 안으로 내려와 집으로 돌아오네. 집에 도착하면 마부는 말들을 구유 옆에 세우고는 암브로시아[6]를 던져주고 곁들여 넥타르[7]를 마시게 한다네.

2 daimon.

3 헤스티아(Hestia)는 화로와 화덕의 여신이다.

4 신들.

5 이데아의 세계.

6 암브로시아(ambrosia)는 신들이나 신들의 말들이 먹는 음식이다.

248a 이것이 신들의 삶이네. 다른 혼들의 경우, 신을 가장 잘 따라가
고 신을 가장 닮은 혼은 바깥 영역으로 마부의 머리를 쳐든 채 회
전운동에 따라 같이 돈다네. 말들 때문에 산만해져서 실재를 간
신히 보기는 하지만 말일세. 다른 혼은 오르락내리락하며, 말들
이 억지를 부리는 탓에 어떤 것들은 보고 어떤 것들은 보지 못하
네. 나머지 혼들은 모두 고지에 도달하기를 열망하며 뒤따라가지
b 만 능력이 부족해 그 아래에서 함께 맴돌며 서로 앞지르려다가 서
로 짓밟고 충돌한다네. 그리하여 한바탕 소동이 벌어지고 서로 경
쟁하느라 진땀을 흘리는 가운데 마부들의 능력 부족 탓에 많은 혼
들이 불구가 되고, 많은 혼들이 날개가 모두 꺾인다네. 그리하여
그들은 아무리 애써도 실재는 보지도 못한 채 그곳을 떠나고, 그
뒤에는 의견[8]에서 영양분을 섭취하네.[9] 그런데 혼들이 진리의 들
판을 보기를 그토록 열망하는 이유는 혼의 가장 훌륭한 부분에
걸맞은 먹을거리가 그 초원에서 나고, 거기에서 영양분을 섭취하
c 는 것이 혼을 위로 들어 올리는 날개들의 본성이기 때문이네. 아
드라스테이아[10]의 법칙은 다음과 같네. 어떤 혼이든 신의 행렬을
따라가서 진리 가운데 어떤 것을 보게 되면 다음 주기까지 해를 입
지 않네. 그리고 만약 혼이 언제나 그럴 수 있다면 언제나 해를 입
지 않네. 그러나 혼이 따라갈 능력이 없어 진리를 하나도 보지 못
한다면, 어떤 불운에 의해 망각과 결함으로 가득 차서 무거워지고
또한 무거워진 나머지 날개를 잃고 땅으로 추락한다면, 그런 혼은
d 첫 번째 생(生)에서는 야수의 몸으로 들어가지 않는 것[11]이 법칙이

라네. 그보다는 오히려 가장 많이 본 혼은 지혜를 사랑하거나, 아름다움을 사랑하거나, 무사 여신들과 에로스에 헌신할[12] 사람의 씨 안으로 들어갈 것이네. 두 번째로 많이 본 혼은 법을 준수하는 왕이나 전사나 통치자의 씨 안으로 들어가고, 세 번째로 많이 본 혼은 정치가나 사업가나 장사꾼의 씨 안으로 들어가고, 네 번째로 많이 본 혼은 운동선수나 트레이너나 의사의 씨 안으로 들어가고, 다섯 번째로 많이 본 사람은 예언자나 비의에 정통한 사제의 삶을
살게 될 걸세. 여섯 번째로 많이 본 혼에게는 시인이나 다른 모방 e
예술가의 삶이, 일곱 번째로 많이 본 혼에게는 장인이나 농부의 삶이, 여덟 번째로 많이 본 혼에게는 소피스트[13]나 민중선동가의

7 넥타르는 신들이 마시는 음료이다.

8 doxa.

9 신의 마음이 지성과 순수 지식에서 영양분을 섭취하는 것과는 달리.

10 아드라스테이아(Adrasteia '피할 수 없는 여자'라는 뜻)는 여기서는 응보의 여신 네메시스(Nemesis)의 다른 이름이 아니라, 필연 또는 운명과 동의어로 쓰이는 것 같다.

11 그런 혼은 인간으로서 첫 번째 생을 산 뒤에야 야수의 몸으로 들어간다는 뜻이다.

12 여기서는 '지혜를 사랑하는 사람', 즉 철학자의 여러 모습 중 하나이므로 긍정적인 의미를 내포하고 있다.

13 소피스트(Sophistes)라는 말은 원래 특수한 기술이 있는 지자(知者)라는 뜻이다. 기원전 5세기에 이 말은 보수를 받고 지식을 가르쳐주는 순회 교사들을 의미했다. 그들이 가르친 과목은 지리, 수학, 문법 등 다양했지만 사회적 출세를 위해 젊은이들에게 주로 수사학을 가르쳤다. 그들은 진리의 상대성을 주장한 까닭에 '궤변학파'(詭辯學派)라고 불리기도 한다.

삶이, 아홉 번째로 많이 본 혼에게는 참주(僭主)[14]의 삶이 걸맞네.

혼의 화신과 최종 해방_철학자의 특권

이 모든 종류 중에서 올바르게 살아가는 사람의 운명은 더 나은 것으로 바뀌고, 불의하게 살아가는 사람의 운명은 더 못한 것으로
249a 바뀌네. 혼은 1만 년 뒤에야 왔던 곳으로 돌아가기 때문이네. 그만큼 긴 세월이 경과하기 전에는 혼에 다시 날개가 생기지 않으니까. 하지만 사심 없이 지혜를 사랑했거나 연동을 향한 사랑을 지혜를 향한 사랑과 결합시켰던 사람의 혼은 예외일세. 그런 혼들은 천 년 주기가 세 번 도는 동안 그런 삶을 잇달아 세 번 선택하면 다시 날개가 생겨나 3천 년 뒤에는 훌쩍 떠난다네. 그러나 나머지 혼들은 첫 번째 생을 마감한 뒤 심판을 받게 되네. 그리고 심판을 받은 뒤 어떤 혼들은 지하 감옥으로 가서 벌을 받고, 다른 혼들은 정의의 여신[15]에 의해 하늘의 한 영역으로 들어 올려져 그곳에서 인
b 간으로서 산 전생에 걸맞은 삶을 산다네. 그리고 천 년 뒤에 이 두 집단의 혼은 제비뽑기를 하려고 한데 모여서 각자 자기가 원하는 두 번째 삶을 선택하네.[16] 그때는 사람의 혼이 짐승의 삶으로 들어가기도 하고, 전에 사람이었던 혼이 짐승을 떠나 다시 사람 안으로 들어가기도 한다네. 한 번도 진리를 본 적이 없는 혼은 사람의 형상으로 들어갈 수 없으니 말일세. 왜냐하면 인간은 수많은 지각(知覺)이 이성적 추론에 따라 하나로 통합된 형상들의 언어를 이

해해야 하기 때문이네. 그리고 이러한 이해는 우리의 혼이 전에 신 c
과 함께 여행하며 지금 우리가 존재한다고 생각하는 것은 무시하고 실제로 존재하는 것을 응시할 때 보았던 것들의 상기(想起)일세. 따라서 철학자의 혼에만 날개가 생기는 것은 당연하네. 철학자의 혼은 그것들을 가까이함으로써 신이 신적인 존재가 되는 그런 것들을 상기를 통해 최대한 가까이하기 때문이네. 그래서 인간이 그런 상기 수단들을 제대로 이용해 완전한 비의에 항상 입문한
다면, 그만이 가장 완전해질 것이네. 그는 인간의 관심사에서 비 d
켜서서 신적인 것에 다가갈 것이네. 그러면 대중은 그가 신들린 줄 모르고 미쳤다고 여기고는 그를 비난한다네.

이상적인 아름다움에 대한 혼의 상기

이상이 네 번째 광기에 대한 나의 논의일세. 그것은 지상의 아름다움을 보고 진정한 아름다움을 상기하는 가운데 날개가 자라나는 것을 느끼고는 날아오르기 위해 날개를 펼치려 하지만 그렇게 할 수가 없어 새처럼 위를 쳐다보며 아래에 있는 것들은 소홀히 하는 사람의 광기라네. 그런 사람은 그래서 미치광이로 간주된다

14 tyrannos. 일종의 군사독재자.

15 Dike.

16 『국가』 10권 617d~620d 참조.

e 네. 그렇지만 이런 광기는 모든 신들림 중에서 거기에 사로잡히거
나 참여하는 사람에게 가장 훌륭한 것이며 가장 고귀한 것에서 비
롯된다네. 또한 아름다운 것들을 사랑하는 사람이 연인이라고 불
리는 것도 이런 광기에 참여할 때라네. 앞서도 말했듯이, 인간의
모든 혼은 타고난 법칙에 따라 실재를 보았고, 그렇지 않다면 인간
250a 이라는 생명체 안으로 들어오지 못했을 테니 말일세. 그러나 모든
혼이 지상에 있는 것들을 보고 그런 실재들을 상기하기란 쉽지 않
네. 전에 그런 실재들을 잠시밖에 보지 못한 혼들에게도 쉽지 않
고, 대지로 떨어진 뒤 불행히도 나쁜 교제를 통해 불의 쪽으로 향
하게 되어 그때 보았던 신성한 것들을 잊어버린 혼들에게도 그렇
다네. 그래서 그때 보았던 것들을 충분히 상기할 수 있는 혼은 얼
마 남지 않았네. 그리고 이들도 여기서 그곳에 있는 것들을 닮은
것들을 보면 놀라서 자제력을 잃게 되며, 충분히 식별할 능력이 없
b 어서 자기에게 무슨 일이 일어나고 있는지 모른다네. 그런데 지상
에서 정의나 절제나 그 밖에 혼에게 소중한 다른 것들을 닮은 것
들에는 광휘(光輝)가 없어서, 소수만이 희미한 감각기관들을 통
해 영상들에 다가가 그것들이 모방하는 것들의 본성을 가까스로
보게 되네. 그러나 그들은 전에는 아름다움이 환히 빛나는 것을
볼 수 있었지. 우리는 제우스의 행렬을 따르고 다른 자들은 다른
신들을 따르며 축복받은 일행과 함께 놀라운 광경을 보면서 가장
c 경이롭다고 해야 할 비의에 입문했을 때 말일세. 그런 비의에 참가
했을 때 우리 자신도 온전한 존재였고 나중에 우리를 기다리고 있

던 온갖 악과도 무관했으며, 우리가 황홀해서 관조하던 것도 온전
하고 단순하고 흔들리지 않고 축복받은 광경들이었네. 그때 우리
는 순수한 빛에 둘러싸여 있었고, 스스로 순수했으며, 지금 우리
가 입고 다니는 '몸'이라는 무덤 안에 껍질 안의 조개처럼 갇혀 있
지도 않았네.

이 모든 말은 기억에 바치기로 하세. 지금 나는 기억 덕분에 과
거를 그리워하며 이야기를 길게 늘어놓았으니 말일세. 다시 아름
다움으로 돌아가, 앞서 말했듯이 아름다움은 그곳의 동류들 사이
에서 환히 빛났으며, 우리가 지상으로 내려온 지금은 우리의 가장 d
분명한 감각기관을 통해 아름다움이 가장 선명하게 반짝인다는
것을 알아냈네. 시각이야말로 신체의 감각기관 중에서 가장 예민
하기 때문이지. 그러나 우리는 시각으로 지혜는 보지 못하네. 사
랑의 다른 대상도 모두 마찬가지지만, 만약 지혜가 자신의 영상을
보는 것을 우리에게 허용한다면, 우리로 하여금 엄청난 사랑의 감
정을 느끼게 할 테니까. 그래서 아름다움에게만 가장 선명하게 보
이고 가장 사랑받는 특권이 주어졌다네.

사랑은 혼에 다시 날개가 자라나게 해준다

비의에 입문한 지 오래거나 타락한 자는 이곳에서 아름답다고 불 e
리는 것을 볼 때 아름다움 자체를 보기 위해 이곳에서 그곳으로
재빨리 옮겨가지 못하네. 그래서 그는 이곳에서 아름답다는 것

을 보고도 경외감을 느끼기는커녕 쾌락에 빠져 네발짐승 모양으
로 거기에 올라타고 자식을 낳으려 하며, 방종이 몸에 밴 탓에 본
성에 어긋나는 쾌락을 좇으면서도 두려하지도 부끄러워하지도 않
251a 는다네. 그러나 비의에 입문한 지 얼마 안 되고 그때 실재를 많이
본 사람은 아름다움을 잘 모방한 신과 같은 얼굴이나 어떤 몸매를
보게 되면, 처음에는 전에 느꼈던 두려움 같은 것을 느끼다가 마치
자기가 보고 있는 것이 신인 양 경외감을 느낄 것이고, 완전히 미친
사람처럼 보일까 두렵지 않다면 마치 신상(神像)에게 그러듯 자신
의 연동에게 제물을 바칠 것이네. 그가 연동을 본 뒤에는 다음과
같은 변화가 일어나네. 전율이 지나고 나면 그는 땀을 흘리며 고열
b 에 시달리네. 눈을 통해 흘러들어온 아름다움이 그를 데워주며 그
의 날개가 자라나도록 물을 주기 때문일세. 그리고 그가 데워지면
서 아무것도 자랄 수 없도록 오랫동안 굳어져 닫혀 있던 날개의 뿌
리들이 녹기 시작하네. 이어서 영양분이 흘러들어오면서 날개의
깃대들이 부풀어 오르며 혼 전체에 걸쳐 뿌리에서 자라나기 시작
c 하네. 전에는 혼 전체에 날개가 나 있었기 때문이지. 이 과정에서
혼 전체가 욱신거리고 팔딱거리며, 이가 나기 시작하면 아이의 잇
몸 주위가 욱신거리고 근질근질하듯, 혼도 날개가 자라나기 시작
할 때 똑같은 감정을 경험한다네. 날개가 자라나기 시작하면서 혼
d 은 부풀어 오르고 욱신거리고 간지러우니 말일세. 그러나 혼이 소
년의 아름다움을 보며 거기에서 유출되는 작은 알갱이들을 받아
들이면—그래서 그런 알갱이들은 그리움이라고 불리지[17]—축축

해지고 따뜻해지는 가운데 고통이 멎고 환희로 가득 찬다네. 그러
나 혼이 혼자 떨어져 있고 물기가 마르면 깃털이 밀고 나오던 통로
들의 입구가 메말라 막히네. 그러면 날개의 새싹들은 그리움과 함
께 안에 갇혀서 마치 핏줄들이 박동하듯 저마다 제 통로를 찔러
대니, 혼 전체가 욱신거리며 괴로워 미칠 지경이네. 그러다가 소년
의 아름다움이 생각나 혼은 다시 기뻐한다네. 이 두 가지 감정이
혼재하니 혼은 이런 이상한 상태에 몹시 불안해하고 당황해하다
가 정신에 이상이 생긴 나머지 광기에 사로잡혀, 밤에도 잠 못 이 e
루고 낮에도 한곳에 가만있지 못하고 그리움이 사무쳐 아름다움
을 간직한 사람을 볼 수 있을 만한 곳이면 어디든 달려간다네. 마
침내 그런 사람을 보면 혼은 전에는 닫혀 있던 그리움의 수문을
활짝 연다네. 그러면 혼은 한숨을 돌리고 욱신거리는 고통에서 해
방되어 잠시나마 다시 한 번 가장 달콤한 쾌락을 맛본다네. 그러 252a
니 혼은 결코 혼자 떨어져 있으려 하지 않을 것이며, 어느 누구도
미동(美童)보다 더 높이 평가하지 않을 것이네. 오히려 혼은 어머
니도 형제도 친구들도 완전히 잊고 소홀히 하다가 재산을 잃어도
개의치 않을 것이네. 그리고 전에는 자랑스럽게 지키던 예의범절
도 무시한 채 기꺼이 종노릇을 하며 연동에게 되도록 가까이 다가

17 플라톤은 여기에서 '그리움'의 그리스어 himeros가 '유출되다'의 그리스어 epionta와 rheonta, '작은 알갱이들'의 그리스어 mere에서 유래한 것으로 나름대로 어원을 밝히고 있다.

갈 수 있는 곳이면 아무 데서나 잠을 잘 것이네. 혼은 아름다움을 b 간직한 자를 존경할 뿐만 아니라, 그가 자신의 가장 큰 고통을 치유해줄 유일한 의사라는 것을 알아냈기 때문이네. 내가 지금 말을 건네고 있는 미소년이여, 이런 경험을 사람들은 사랑[18]이라고 부르지만, 신들이 어떻게 부르는지 들으면 자네는 나이 젊으니 아마도 웃음이 나오겠지. 호메로스의 몇몇 제자들[19]이 잘 알려지지 않은 시들 중에서 에로스에 관한 이행시(二行詩)를 인용했는데, 두 번째 행은 아주 주제넘고 운율에도 잘 맞지 않네. 그 이행시는 다음과 같이 에로스를 찬미하고 있네.

> 인간들은 그분을 날개 달린 에로스라 부르지만, 신들은 그분을
> 날개 신[20]이라고 부른다네. 그분은 날개[21]가 자라나게 하니까.

c 자네가 이 말을 믿거나 말거나, 연인들의 경험과 그 원인은 아무튼 내가 말한 대로일세.

연인들의 여러 유형

그런데 에로스의 포로가 된 자가 제우스의 추종자들에 속한다면 이 날개 달린 이[22]의 짐을 차분하게 참아낼 수 있을 걸세. 그러나 아레스[23]의 추종자로서 그와 함께 하늘을 돌던 자가 에로스의 포로가 될 경우, 연동이 조금이라도 자기에게 잘못한다 싶으면 살의

를 품고는 자신도 연동도 제물로 바치려 드네. 이 점은 다른 신들 d
의 추종자들도 마찬가지라네. 그들은 저마다 타락하지 않고 지상에서 첫 번째 삶을 살아가는 동안 전에 자기가 속했던 신을 최대한 모방하고 존경하며, 연동들과 다른 사람들에게도 그렇게 행동하고 처신하니 말일세. 그래서 그들은 저마다 성향에 따라 미소년들 중에서 연동을 골라 마치 연동이 자기 신인 양 경의를 표하고
숭배하기 위해 연동을 신상처럼 꾸미고 장식한다네. 그런데 제우 e
스의 추종자들은 자기들 연동의 혼이 제우스 같기를 원하네. 그래서 그들은 철학자와 지도자의 자질을 타고난 사람을 찾게 되고, 일단 그런 자질을 찾아내 연동으로 삼으면 온 힘을 다해 연동을 그런 사람으로 만들려고 하지. 만약 그들이 전에 그런 경험이 없다면, 배울 수 있는 데서는 배우되 스스로도 방법을 찾아내며 그
일에 착수한다네. 그리고 그들이 자신 안에 있는 자기들 신의 본 253a
성의 자취를 찾아내려고 열심히 노력하면, 그 신에게 시선을 집중해야 하는 만큼 반드시 성공할 것이네. 그리고 기억을 통해 신에

18 eros.

19 Homeridai. 원래는 자신들이 호메로스의 후예라고 주장하는 키오스(Chios) 섬의 음유시인 단체이다.

20 Pteros.

21 혼의 날개.

22 에로스.

23 아레스(Ares)는 전쟁의 신이다.

게 이르러 신에게서 영감을 받으면, 그들은 인간이 신에게 참여할
수 있는 범위 내에서 최대한 신에게서 습관과 생활방식을 받아들
이네. 그러면 그들은 이 모든 것이 연동 덕분이라고 여기고 연동을
전보다 더 사랑하며, 박코스[24]의 여신도들처럼 제우스에게서 영감
의 물을 뽑아 올리면 그것을 연동 위에 부어 연동이 최대한 자신
b 들의 신을 닮도록 만드네. 한편 헤라[25]의 추종자들은 왕의 자질을
타고난 연동을 찾게 되며, 일단 그런 연동을 찾아내면 마찬가지로
연동을 위해 무슨 짓이든 다 하네. 아폴론과 그 밖에 다른 신들의
추종자들도 자신들의 신과 같은 길을 걸으며 자신들과 품성이 같
은 연동을 찾게 되는데, 그런 연동을 찾아내면 스스로 신을 모방
하면서 연동을 설득하고 가르침으로써 각자 힘닿는 데까지 연동
을 신의 생활방식과 본성으로 인도하네. 그들은 연동에게 질투를
c 부리거나 자유민답지 못한 악의를 품지 않으며, 연동이 자신들과
자신들이 숭배하는 신과 모든 점에서 닮게 하려고 최선을 다하네.
따라서 만약 진정한 연인들이 내가 말한 방식대로 소원을 성취한
다면, 그들의 소원과 비의 입문은 아름다운 것이며, 사랑의 광기
에 사로잡힌 연인에게서 연동에게로 행복이 옮아가게 한다네. 만
약 연동이 붙잡힌다면 말일세. 그리고 붙잡히는 자는 다음과 같
이 붙잡히네.

육욕의 정복_사랑과 마중 사랑

이 이야기의 첫머리에서 우리는 각각의 혼을 세 부분으로 나누고,
그중 두 부분은 말과 같으며 셋째 부분은 마부와 같다고 했는데,
이런 구분은 그대로 유지하도록 하세. 우리는 말 두 필 가운데 한 d
필은 훌륭하지만 다른 한 필은 그렇지 않다고 말하고, 훌륭한 말
의 미덕은 무엇이고 나쁜 말의 악덕은 무엇인지 논의하지 않았는
데, 이제는 논의해야겠네. 둘 중 오른쪽에 있는 말은 꼿꼿하고 늘
씬하고 목이 길고 약간 매부리코에 털은 희고 눈은 검으며 명예와
자제와 겸손을 사랑하며 진정한 영광의 친구이며 채찍이 필요 없
으며 구두 명령에만 따르네. 다른 말은 구부정하고 뚱뚱하고 지체 e
가 아무렇게나 붙어 있고 목이 굵고 짧으며 납작코에 살갗은 검고
눈은 잿빛에 핏발이 서 있고 방종과 자만심의 친구이며 귓가에 털
이 많아 귀가 어두우며, 채찍과 가시 막대기를 함께 사용해도 말
을 잘 듣지 않는다네. 그런데 마부가 먼저 연동을 보면, 혼 전체가
뜨거워지면서 마부는 그리움의 가시 막대기에 찔려 온몸이 욱신
거리고 쑤신다네. 그러면 마부의 말을 잘 듣는 말은 여느 때처럼 254a
수치심에 제동이 걸려 연동에게 뛰어오르기를 삼가지만, 다른 말
은 마부의 채찍이나 가시 막대기는 아랑곳하지 않고 세차게 앞으

24 박코스(Bakchos)는 주신(酒神) 디오뉘소스의 다른 이름이다.
25 헤라(Hera)는 제우스의 누이이자 아내로, 여신들의 여왕이라고 할 수 있다.

로 내달아 동료 말과 마부에게 온갖 어려움을 안겨주며 이들이 연
동에게 다가가서 성적인 쾌락을 상기시키도록 강요하네. 처음에
b 이들 둘은 자신들이 도리에 어긋나는 끔찍한 짓을 하도록 강요받
는다고 생각하고는 화를 내며 저항하지만, 어려움이 끝없이 계속
되면 결국 양보하고 나쁜 말이 시키는 대로 하기로 동의한다네. 그
래서 그들은 연동에게 다가가서 별처럼 빛나는 그의 얼굴을 보게
되네. 마부가 연동의 얼굴을 보자 아름다움의 본성을 보았던 기억
이 되살아나면서 아름다움이 절제와 함께 신성한 좌대(座臺) 위
에 서 있는 것을 다시 보게 되네. 이를 보는 순간 마부는 두려움과
경외심에서 뒤로 넘어지면서 고삐들을 뒤로 힘껏 잡아당겨 말 두
c 필을 모두 제 엉덩이 위에 주저앉히는데, 한 필은 반항하지 않고
기꺼이 따르지만 제멋대로 하는 말은 몹시 못마땅해하며 마지못
해 따른다네. 그래서 그들이 조금 뒤로 물러나면 훌륭한 말은 부
끄럽기도 하고 놀랍기도 하여 혼이 온통 땀에 젖지만, 나쁜 말은
재갈과 엉덩방아로 인한 고통이 멎으면 채 한숨을 돌리기도 전에
화가 나서 욕설을 퍼부으며, 비겁하게도 남자답지 못하게 약속을
어기고 대열에서 이탈했다고 마부와 동료 말을 두고두고 나무란
d 다네. 나쁜 말은 마음이 내키지 않는 마부와 훌륭한 말을 다시 앞
으로 나아가도록 강요하려 하지만, 이들이 뒤로 미루기를 요구하
면 가까스로 양보한다네. 그리고 약속된 시간이 다가오면 이들 둘
은 잊은 체하지만 나쁜 말은 이들에게 약속을 상기시키면서 떼를
쓰고 울부짖고 끌어당기며 이들이 또다시 연동에게 다가가 전과

같은 제의를 하도록 강요한다네. 그리고 그들이 연동에게 가까워
지면 나쁜 말은 고개를 숙이고 꼬리를 치켜들고는 재갈을 입에 문
채 염치없이 끌어당기네. 그러나 마부는 전보다 더 후회되어 함정 e
을 피하려는 듯 몸을 뒤로 젖히며 오만방자한 말의 이빨에서 재갈
을 더욱 힘껏 잡아당김으로써 나쁜 말을 혀와 턱이 피투성이가 되
게 하며 제 사지와 엉덩이 위에 주저앉혀 고통에 시달리게 한다네.
이런 일을 거듭해서 당하면 나쁜 말은 오만방자함을 버리고 겸손
해져 어느새 마부의 선견지명을 따르며 미소년을 보기만 해도 기
겁을 하고 놀란다네. 그 결과 연인의 혼은 경외심을 품고 두려움
을 느끼며 미동을 따른다네. 그리하여 연인이 연동을 신처럼 대하 255a
며 온갖 방법으로 받들어 섬기면, 연인은 가식이 아니라 진심으
로 사랑하고 연동은 자기를 섬기는 사람에게 자연스럽게 호감을
품기 마련인지라, 설사 연동이 전에 학우들이나 다른 사람들한테
서 연인과 사귀는 것은 수치스러운 짓이라는 말을 듣고 그릇된 선
입관에 사로잡혀 연인의 접근을 막은 적이 있다 해도 세월이 흘러
철이 난 지금은 필연에 이끌려 연인을 동반자로 받아들이게 된다
네. 악인은 악인의 친구가 되어도 선인은 선인의 친구가 되지 못한 b
다면 이는 분명 운명의 뜻이 아니기 때문일세. 그리하여 연동이 연
인을 받아들여 대화를 나누며 가까이 지내게 되면 연동은 연인의
호의를 가까이에서 경험하며 놀라움을 금치 못하는데, 다른 친구
들과 친척들의 우정을 다 합쳐도 이 신들린 친구의 우정에 견주면
아무것도 아니라는 것을 알기 때문이지. 연인이 한동안 호의를 보

이며 사귀다가 체육관이나 그 밖에 사람들이 모이는 다른 장소에
서 연동과 신체적으로 접촉하게 되면, 그때는 제우스가 가뉘메데
c 스[26]를 사랑했을 적에 '그리움'이라고 불렀던 그 흐름의 원천이 연
인에게 세차게 쏟아져 일부는 그의 안에 스며들지만 그에게 가득
차고 나면 일부는 그의 밖으로 흘러나가네. 그리고 마치 바람의
입김이나 메아리가 매끈하고 단단한 물체에 부딪혀 그것이 생겨난
곳으로 돌아가듯이, 아름다움의 흐름도 되돌아가 미소년의 눈으
로 다시 들어간다네. 그리하여 그것은 눈이라는 자연스러운 경로
d 를 거쳐서 혼에 이르러 혼에 새로운 활력을 불어넣고 날개의 뿌리
에 물을 대주어 날개가 자라나게 만들면서 연동의 혼을 사랑으로
가득 채운다네. 그래서 연동은 사랑을 하지만 무엇을 사랑하는지
모른다네. 연동은 자기에게 무슨 일이 일어났는지도 모르고 설명
할 수도 없다네. 다른 사람한테서 눈병을 옮은 사람처럼 연동은
그 원인을 설명하지 못하는데, 연인이 거울인 양 연인 안에서 자신
을 보면서도 그것을 모르기 때문이네. 그래서 연인이 곁에 있으면
연동도 고통이 멎고, 연인과 떨어져 있으면 연동도 그리워하며 그
리움의 대상이 된다네. 연동은 연인의 사랑의 영상인 마중 사랑
e 을 느끼기 때문이지. 비록 연동은 그것을 사랑이라기보다는 우정
이라 생각하고는 우정이라고 부르긴 하지만 말일세. 연동도 강도
가 약하긴 하지만 연인과 똑같이 보고, 만지고, 입 맞추고, 동침하
고픈 욕구를 느끼며, 자네도 예상할 수 있듯이 그런 욕구들을 느
끼면 곧 실행에 옮긴다네. 그리하여 둘이 함께 누우면 연인의 무

절제한 말[馬]은 마부에게 무슨 말을 해야 하는지 아는지라 오랜
노고에 대한 보답으로 잠시 재미 좀 볼 수 있게 해달라고 요구한다
네. 한편 연동의 무절제한 말은 무슨 말을 해야 하는지 모르지만 256a
흥분하여 어쩔 줄을 몰라 하며 연인을 포옹하고 입 맞추며 그의
큰 호의를 반긴다네. 또한 둘이 함께 누울 때마다 연동의 무절제
한 말은 연인이 무엇을 요구하든 들어줄 각오가 되어 있네. 그러나
다른 말과 마부는 이성과 수치심에 호소하며 이런 일들에 반대하
네. 만약 그들의 마음[27]의 더 나은 부분들이 이겨서 그들을 정돈
된 생활과 철학으로 이끌면, 그들은 이 세상에서 자신을 억제하고
절도를 지키며 행복하고 조화로운 삶을 산다네. 그들은 혼에 악덕 b
을 들여보내는 부분은 노예로 만들고, 혼에 미덕을 들여보내는 부
분은 해방시켰으니까. 그리고 그들이 생을 마감하면 짐이 가벼워
지고 날개가 자라난다네. 그들은 이 진정한 올륌피아 경기[28]에서
세 판 가운데 한 판을 이겼으니, 인간의 지혜도 신적인 광기도 이
보다 더 큰 이익을 줄 수는 없네. 그러나 그들이 철학보다는 명예[29] c
에 전념하는 더 저급한 삶을 산다면, 아마도 술을 마시거나 그 밖

26 가뉘메데스(Ganymedes)는 트로이아의 미소년 왕자인데, 제우스가 독수리를 시켜 하늘로 납치해가서 신들에게 술을 따르는 시종으로 삼았다.

27 dianoia.

28 고대 그리스의 4대 경기 중 가장 규모가 컸으며, 펠로폰네소스 반도 서북부에 있는 올륌피아에서 4년마다 한 번씩 열렸다. 근대 올림픽 경기의 전신이다.

29 '명예'의 그리스어 time에는 '관직' '벼슬자리'라는 뜻이 내포되어 있다.

에 주의를 소홀히 하는 순간 그들 안에 있는 무절제한 말 두 마리는 자신들의 혼들이 무방비상태에 있는 것을 발견하고는 그들을 결합시키며 대다수가 가장 행복하다고 여기는 것[30]을 선택해서 실행에 옮기게 할 걸세. 한 번 그러고 나면 차후에도 계속해서 그렇게 하겠지만 자주 그러지는 못할 것이네. 그들이 하는 짓은 마음 전체의 승인을 받지 못했기 때문일세. 이 한 쌍도 비록 철학에 전
d 념하는 한 쌍만큼 절친하지는 않지만 서로 사랑할 때도, 사랑이 지나간 뒤에도, 서로 친구로서 살아가네. 그들은 서로 철석같은 맹세를 주고받았는데, 서로 적이 되어 맹세를 어기는 것은 죄를 짓는 것이라고 여기기 때문이네. 생을 마감하면 그들은 날개 없이 몸을 떠나지만, 날개를 가지려는 충동은 있기에 연인의 광기에 대해 적잖은 보답을 받는다네. 이미 하늘 아래에서 여행을 시작한 자들은 결코 지하의 어두운 길로 돌아가지 않도록 되어 있기에 하는 말일세. 대신 그들은 찬란한 축복의 삶을 살며 함께 거닐 것이고, 언
e 젠가 때가 되면 그들 모두 사랑 덕분에 날개가 자라날 것이네.

소크라테스가 연설을 끝맺다_뤼시아스와 파이드로스를 위한 기도

여보게, 이런 것들이 연인과의 우정이 자네에게 안겨줄 참으로 신적인 축복이라네. 반면 연인이 아닌 사람과의 친분은 세속적인 지혜로 희석되어 있어, 그것이 가져다주는 보답은 세속적이고 미미하네. 그리고 그것은 친구의 혼 안에 비열함을 낳는데, 대중은 이

비열함을 미덕이라고 칭찬하지만 친구의 혼이 9천 년 동안[31] 대지 257a
주위와 대지 아래를 정신없이 떠돌게 한다네.

30 육체관계.

31 248e~249a 참조.

매미 신화

『파이드로스』(258e~259d)에서

258e **소크라테스** 우리가 서두를 필요는 없는 것 같네. 또한 우리 머리 위
에서는 매미들이 땡볕에서 노래를 부르고 서로 대화를 나누며 우
259a 리까지 내려다보고 있는 것 같네. 만약 우리 두 사람이 대부분의
사람들이 그러하듯 마음이 게으른 탓에 매미들에게 홀려 대화는
나누지 않고 꾸벅꾸벅 졸고 있는 모습을 본다면, 매미들은 노예
두 명이 자신들의 안식처에 와서 양 떼처럼 샘물가에서 낮잠을 자
는 줄 알고는 당연히 우리를 비웃을 것이네. 그러나 우리가 대화
를 나누며 매미들이 부르는 세이렌[1]들의 노래에 홀리지도 않고 매
미들 옆을 지나가는 모습을 보면, 매미들은 아마 마음이 흐뭇해져
b 서 인간들에게 주라고 신들이 매미들에게 준 선물을 우리에게 줄
것이네.

파이드로스 그게 어떤 선물이죠? 나는 금시초문인데요.

소크라테스 무사 여신을 섬기는 사람이 그런 이야기를 들어본 적

이 없다니 한참 잘못됐구먼. 전해오는 이야기에 따르면, 이들 매미들은 먼 옛날 무사 여신들[2]이 태어나기 전에는 사람들이었대. 그리고 무사 여신들이 태어나면서 노래가 나타나자 당시 사람들 중 일부는 노래의 즐거움에 미쳐서 먹고 마시는 일도 잊어버리고 c
죽는 줄도 모르고 죽었대. 훗날 이들에게서 매미 족속이 생겨나자, 무사 여신들은 매미들이 일단 태어나면 먹을 필요 없이 태어나서 죽을 때까지 먹지도 마시지도 않고 노래만 하게 해주었대. 이게 무사 여신들이 매미에게 준 선물일세. 죽은 뒤 매미들은 무사 여신들에게 가서 지상의 인간들 가운데 누가 무사 여신들 중 어느 분에게 경의를 표하는지 보고한대. 매미들은 테릅시코레에게는 가무(歌舞)로 이 여신에게 경의를 표하는 자들의 이름을 대서 이들이 여신에게 더 사랑받도록 해주고, 에라토에게는 연애로 이 d

1 세이렌(Seiren 복수형 Seirenes)들은 지나가는 선원들을 노래로 유혹해서 난파당하게 한다는 요정이다. 『오뒷세이아』 12권 39~52행 참조.

2 무사(Mousa 복수형 Mousai) 여신들은 제우스와 므네모쉬네(Mnemosyne '기억') 여신의 딸들로 시가(詩歌)의 여신들이다. 그들의 수는 3명, 7명 또는 9명이라고 하는데, 고전시대(기원전 480~323년)에는 9명으로 확정되었다. 그들은 또 로마 시대 후기에는 저마다 한 가지 기능을 맡게 되는데, 칼리오페(Kalliope)는 서사시를, 클레이오(Kleio 라/Clio)는 역사를, 에우테르페(Euterpe)는 피리 및 피리가 반주하는 서정시를, 멜포메네(Melpomene)는 비극을, 테릅시코레(Terpsichore)는 가무를, 에라토(Erato)는 뤼라(lyra) 및 뤼라가 반주하는 서정시 또는 연애시를, 폴륌니아(Polymnia 라/Polyhymnia)는 찬신가를 나중에는 무언극을, 우라니아(Ourania 라/Urania)는 천문학을, 탈레이아(Thaleia 라/Thalia)는 희극과 목가(牧歌)를 관장하는 것으로 여겨졌다.

여신에게 경의를 표하는 자들의 이름을 댄대. 매미들은 다른 무사 여신들에게도 각각의 직분에 따라 그렇게 보고한대. 그러나 매미들은 맏이인 칼리오페와 둘째인 우라니아에게는 철학으로 소일하며 이 두 여신에게 속하는 시가(詩歌)에 경의를 표하는 자들의 이름을 댄대. 그런데 이 두 여신은 모든 무사 여신들 가운데 하늘에 그리고 신과 인간의 담론에 가장 관심이 많으며, 이분들의 목소리보다 더 고운 소리는 없대. 그러니 우리가 한낮에 낮잠을 자지 않고 대화해야 할 이유는 한두 가지가 아닐세.

파이드로스 그렇다면 대화를 나눠야지요.

우주의 두 주기

『정치가』(268d~274e)에서

268d **방문객** 그렇다면 우리는 처음부터 다시 시작해 다른 길로 다가가야 하네.

젊은 소크라테스 그게 어떤 길이지요?

방문객 잠시 숨 좀 돌리자는 말일세. 우리는 유명 신화의 큰 부분
e 을 이용하여 앞으로도 종전처럼 번번이 부분에서 부분을 배제함으로써 우리가 찾던 정상에 도달하게 될 테니까. 그렇게 할까?

젊은 소크라테스 물론이지요.

방문객 그렇다면 내 이야기를 새겨듣게, 어린아이들처럼. 자네는 소년기를 넘긴 지가 얼마 안 되니까.

젊은 소크라테스 말씀이나 하세요.

방문객 과거에 되풀이해서 이야기되고 앞으로도 두고두고 이야기될 수많은 옛이야기 가운데 내가 염두에 두고 있는 특별한 사건은 아트레우스와 튀에스테스 형제가 서로 사이가 나쁠 때 일어났던

기적일세.[1] 자네도 아마 들었을 테고, 그때 어떤 일이 일어났다고 들 하는지 기억하고 있을 걸세.

젊은 소크라테스 아마도 황금 새끼 양의 전조를 말씀하시는 것 같네요.

1 펠롭스(Pelops)의 아들 아트레우스(Atreus)는 언젠가 자신의 양 떼 가운데 가장 아름다운 양을 아르테미스(Artemis) 여신에게 제물로 바치겠다고 서약한다. 그러나 황금 새끼 양이 나타나자 그는 서약을 지키는 대신 황금 새끼 양을 목 졸라 죽인 뒤 그 양모피를 상자에 넣어두고 지켰는데, 그의 아내 아에로페(Aerope)가 자기와 간통한 사이인 그의 아우 튀에스테스(Thyestes)에게 그것을 넘겨준다. 펠롭스의 자손을 자신들의 왕으로 뽑으라는 신탁을 받은 뮈케네(Mykene)인들이 아트레우스와 튀에스테스에게 사람을 보냈기 때문이다. 누가 왕이 될 것이냐를 놓고 그들이 토의하고 있을 때 튀에스테스가 공언하기를, 황금 새끼 양을 갖고 있는 자가 왕위를 차지해야 한다고 주장한다. 아트레우스가 이에 동의하자 튀에스테스는 황금 새끼 양을 보여주고 왕이 된다. 그러나 제우스는 아트레우스에게 헤르메스(Hermes)를 보내, 해가 거꾸로 돌 경우 아트레우스가 왕이 되기로 튀에스테스와 협약을 맺으라고 지시한다. 튀에스테스가 이에 동의하자 해가 동쪽으로 진다. 그리하여 튀에스테스가 찬탈자라는 점을 신이 명백히 밝히자 아트레우스가 왕위를 차지하고 튀에스테스를 추방한다. 나중에 그는 아내가 간통했다는 사실을 알게 되자 튀에스테스에게 전령을 보내 화해하자고 제안한다. 튀에스테스가 도착하자 아트레우스는 시종일관 우애를 가장하다가 튀에스테스의 아들들이 탄원자로서 제우스의 제단에 앉았는데도 죽인다. 그러고 나서 그는 조카들을 토막 내어 요리한 다음 사지만 빼고 튀에스테스 앞에 내놓는다. 튀에스테스가 아들들의 고기를 배불리 먹었을 때 아트레우스는 조카들의 사지를 보여주며 그를 나라에서 내쫓는다. 튀에스테스가 어떻게든 아트레우스에게 복수하려고 이 일에 관해 신탁에 묻자 친딸과 교합해서 아들을 낳아야 복수할 수 있다는 대답이 돌아온다. 그리하여 아버지와 딸 사이에서 태어난 아이기스토스(Aigisthos)는 훗날 장성하자 자기가 튀에스테스의 아들임을 알고는 아트레우스를 죽이고 왕권을 튀에스테스에게 넘겨준다.

269a **방문객** 그게 아니라, 해와 별들이 지고 뜨는 일에 생긴 변화 말일세. 당시에는 해와 별들이 지금 뜨는 곳에서 지고 그 반대 방향에서 뜨곤 했는데, 그때 신이 아트레우스를 선호한다는 징표로 모든 것을 지금의 체계로 바꿔버렸대.

젊은 소크라테스 아닌 게 아니라 그렇게도 이야기하더군요.

방문객 우리는 또한 크로노스[2] 치세(治世)에 관한 이야기도 많이 들었네.

b **젊은 소크라테스** 아주 많이 들었지요.

방문객 옛날 사람들은 다른 사람에게서 태어나지 않고 땅에서 태어났다는 이야기는 어떤가?

젊은 소크라테스 그 또한 옛이야기들 가운데 하나이지요.

방문객 이 모든 이야기들과 이보다 더 놀라운 다른 이야기들은 사실 같은 사건에서 유래한 걸세. 하지만 그때 이후로 기나긴 세월이 흐른 까닭에 어떤 이야기들은 잊히고 다른 이야기들은 흩어져서 별도의 이야기들로 전해졌네. 그러나 이 모든 것의 원인이 된 사건
c 은 어느 누구도 이야기하지 않았네. 하지만 이제 내가 이야기해야겠네. 그러는 것이 왕도를 이해하는 데 도움이 될 테니까.

젊은 소크라테스 좋은 생각이에요. 제발 그 이야기를 남김없이 다 들려주세요.

방문객 그렇다면 들어보게. 신은 때로는 우리의 이 우주를 몸소 인도하며 운행을 돕기도 하지만, 때로는 정해진 시간만큼 돌고 나면 놓아버린다네. 그러면 우리의 우주는 저절로 반대 방향으로 도

로 굴러가는데, 우주는 살아 있는 물체인 데다 원래 조립한 이가 d
지성을 부여했기 때문이지. 우주가 이렇듯 역주행의 능력을 타고 날 수밖에 없었던 데에는 다음과 같은 사정이 있네.

젊은 소크라테스 그 사정이 뭐지요?

방문객 가장 신적인 것들만이 언제나 변하지 않고 자기 동질성을 유지할 수 있으며, 물체는 어떤 것도 이 부류에 속하지 않네. 하지만 우리가 하늘 또는 우주라고 부르는 것은 그것의 창조자에게 많
은 축복을 받았지만 어느 정도 물체의 속성도 띠고 있기에 변화에 e
서 완전히 자유로울 수 없네. 그러나 그것은 가능한 한 같은 장소에서 같은 방법으로 움직이며 단일 운동을 고수하네. 또한 그것이 역주행의 능력을 지니고 있는 까닭은 그렇게 하는 것이 종전의 운동을 가능한 한 가장 적게 바꾸기 때문일세. 움직이는 모든 것들의 창조자 외에는 언제나 스스로 움직일 수 있는 것은 아무것도 없으며, 그런 창조자가 그것들을 때로는 이쪽 방향으로 때로는 저

2 우라노스(Ouranos '하늘')와 가이아(Gaia '대지')의 막내아들인 크로노스(Kronos)는 어머니의 권고를 받아들여 아버지를 거세하고 스스로 우주의 지배자가 되지만, 자신도 자식들 중 한 명에 의해 권좌에서 축출당할 운명이라는 것을 알고는 자식들이 태어나는 족족 삼켜버린다. 그러나 막내아들 제우스가 어머니의 기지 덕분에 아버지에게 삼켜지지 않고 장성하여 훗날 아버지 크로노스를 축출하고 올림포스 신들의 시대를 개막한다. 헤시오도스에 따르면 크로노스 치세 때의 인간들은 황금족(黃金族)으로 고통과 노령을 몰랐으며, 농사를 짓지 않아도 대지에는 먹을거리가 넘쳐났다고 한다. 『일과 날』 109~120행.

쪽 방향으로 움직인다고 생각하는 것은 신성모독일세. 이 모든 점들을 고려할 때 우주는 언제나 스스로 움직인다든가, 우주 전체
270a 를 신이 상반된 두 방향으로 움직인다든가, 상반된 의도를 가진 두 신이 우주를 움직인다고 말해서는 안 되네. 남은 가능성은 하나뿐이며, 그것은 우리가 방금 언급한 바와 같이 우주는 어떤 때는 외재하는 어떤 신적인 존재에 힘입어 움직이지만(이 기간에 우주는 창조자에게서 새로운 생명을 받아 불멸성으로 충만하네), 어떤 때는 놓여나서 저절로 움직이는 것일세. 그리고 우주가 그럴 때 놓여나면 수만 번을 구르며 역주행을 하는데, 부피가 크고 완전히 균형이 잡힌 데다 선회축이 아주 좁기 때문이지.

b **젊은 소크라테스** 그대의 이야기는 전체적으로 아주 일리가 있는 것 같아요.

방문객 그렇다면 방금 이야기한 것들에 근거하여 우리가 이 모든 놀라운 일들의 원인이라고 단언했던 사건을 고찰하고 이해하도록 하세. 그것은 사실은 다음과 같은 것일세.

젊은 소크라테스 어떤 것이지요?

방문객 우주는 때로는 지금 회전하는 방향으로 움직이지만, 때로는 그 반대 방향으로 움직인다는 걸세.

젊은 소크라테스 어째서 그렇지요?

방문객 우리는 이런 변화가 하늘에서 일어나는 전환(轉換) 가운
c 데 가장 크고 완전한 것이라고 생각해야 하네.

젊은 소크라테스 그런 것 같아요.

방문객 그렇다면 우주 안에 살고 있는 우리는 그때 가장 큰 변화들을 겪는다고 생각해야 할 걸세.

젊은 소크라테스 그도 그런 것 같아요.

방문객 동물들이 크고 많은 변화를 동시에 겪으면 살아남기 어렵다는 것은 우리도 다 아는 사실 아닌가?

젊은 소크라테스 물론이지요.

방문객 그리하여 그때 동물 일반이 대규모로 파멸할 수밖에 없었고, 인간들도 소수만이 살아남았네. 그들에게는 새롭고 놀라운 d
일들이 많이 일어났지만, 내가 설명하려고 하는 가장 큰 사건은 우주가 지금 돌고 있는 것과 반대 방향으로 돌기 시작한 그때 우주의 역주행 때문에 생긴 결과일세.

젊은 소크라테스 그게 뭐지요?

방문객 첫째, 살아 있는 모든 것이 그때 나이가 얼마였든 나이 먹기를 그만두고, 죽게 마련인 모든 것이 더 늙어 보이기를 멈추었네. 그러더니 모두 반대쪽으로 방향을 바꾸어 더 젊어지고 더 부 e
드러워지기 시작했네. 노인들의 백발은 검어지고, 수염 난 사람들의 볼은 다시 매끈해지며 지난날의 젊음을 되돌려주었네. 또한 젊은이들의 몸은 날마다 밤낮없이 더 부드러워지고 더 젊어지더니 갓난아이로 되돌아가 정신적으로나 육체적으로나 갓난아이를 닮아갔네. 그때부터 그들은 쇠약해지더니 완전히 사라지고 말았네.
또한 이 기간에 급사(急死)한 사람들의 시신도 짧은 기간에 같은 271a
변화를 겪더니 며칠 안에 망가져 사라져버렸네.

젊은 소크라테스 하지만 손님, 그때 동물들은 어떻게 태어났으며, 부모가 어떻게 자식을 낳았나요?

방문객 젊은 소크라테스, 그때는 부모가 자식을 낳는 일 같은 것
은 분명 없었네. 당시에는 옛이야기가 들려주는 대지에서 태어난
종족이 생존했는데, 그때가 바로 이들이 대지에서 돌아오기 시작
b 하던 시기였네. 이들에 대한 기억은 이전 주기가 막 끝나고 현재
주기가 갓 시작했을 때 태어난 우리 선조들에 의해 간직되었네. 오
늘날 많은 사람들이 부당하게도 불신하는 이 이야기를 우리에게
전해준 이들은 바로 그분들이었으니까. 우리는 이 이야기를 숙고
해야만 그 의미를 알 수 있을 걸세. 죽어서 땅속에 누워 있던 사람
들이 다시 형태를 갖추고 되살아난다는 것은 노인들이 어린아이
로 돌아간다는 생각과 일치한단 말일세. 우주가 역주행하면서 탄
생의 과정도 반대 방향으로 뒤바뀌었으니까. 그리하여 신이 다른
운명을 향하여 데려가는 사람들[3]을 제외하고는 누구나 필연적으
c 로 대지에서 태어난 자들이 되어 그런 이름으로 불리고 그런 이야
기를 들을 수밖에 없는 것이라네.

젊은 소크라테스 그것은 확실히 앞 이야기와 완전히 일치하는 것 같군요. 그런데 그대가 말하는 '크로노스 치세 때'의 삶은 우주의 저 주기 때의 일인가요, 아니면 이 주기 때의 일인가요? 별들과 해의 진로는 분명 두 주기 모두에서 바뀌니까요.

방문객 자네, 내 말뜻을 잘 알아듣는구먼. 자네가 묻고 있는 삶,
d 즉 인간들에게 모든 것이 대지에서 저절로 생겨나던 삶은 현재 주

기와는 전혀 무관하고 이전 주기의 특징 중 하나일세. 그때는 신이 우주의 회전 전체를 지배하고 보살피기 시작했으며, 우주의 부분들이 여러 수호신[4]들 사이에 완전히 분할되면서 영역별로도 같은 일이 일어났기 때문이지. 게다가 동물들은 여러 수호신들이 목자 노릇을 하도록 종류별, 무리별로 그들에게 배정되었는데, 각각의 수호신은 자기가 돌보는 동물들에게 필요한 모든 것을 대주는
것이 유일한 의무였지. 그래서 동물들은 어느 것도 사납거나 서로 e
잡아먹지 않았으며 서로 싸우거나 다투지 않았네. 그런 우주 질서의 결과들을 보기를 들어 설명하자면 한도 끝도 없을 걸세. 하지만 인간들의 편안한 삶에 관한 이야기로 되돌아가서, 그런 이야기가 전해진 까닭은 다음과 같네. 마치 오늘날 인간들이 신에 더 가까운 존재로서 하등동물들을 방목하듯, 그때는 신이 몸소 인간의 무리를 다스리며 방목했네. 그러나 신이 그들의 목자였을 때는 정체(政體)[5]도, 처자의 소유도 없었네. 그들은 모두 전생(前生)을
기억하지 못한 채 대지에서 삶으로 돌아왔으니까. 그런 것들은 없 272a
었지만 그들에게 나무와 다른 식물들에서 나는 열매들은 풍족했는데, 경작을 하지 않아도 대지가 자진하여 열매들을 대준 거지.

3 철학자들이나, 메넬라오스(Menelaos)처럼 '축복받은 사람들의 섬들'로 옮겨진 사람들이나, 헤라클레스처럼 신의 반열에 오른 사람들.

4 theios daimon. daimon은 신과 인간의 중간적인 존재로, 경우에 따라 '정령'이라고 번역되기도 한다.

5 politeia.

그들은 또한 옷도 입지 않고 침구도 없이 대개 야외에서 살았는데, 기후는 온화한 편이고 대지에서 무성하게 자라는 풀이 푹신한
b 침대가 되어주었기 때문이지. 젊은 소크라테스, 이것이 크로노스 치세 때 살던 사람들의 삶이었네. 제우스 치세라고 불리는 현재의 삶이 어떤 것인지는 자네가 몸소 겪어봐서 알고 있을 걸세. 자네는 둘 중 어느 쪽이 더 행복한 삶인지 판단할 수 있겠는가? 아니면 판단하고 싶은가?

젊은 소크라테스 나는 전혀 판단할 수 없어요.

방문객 그렇다면 자네는 내가 어떤 방법으로든 판단해주기를 바라는가?

젊은 소크라테스 제발 그렇게 해주세요.

방문객 좋아. 크로노스의 양자(養子)들은 그토록 여가가 많은 데다 인간들뿐만 아니라 동물들과도 대화할 수 있는 능력을 타고났
c 네. 그러나 문제는 그들이 자신들의 이런 이점들을 모두 철학을 위해 사용했느냐 하는 것일세. 만약 그들이 동물들과도 인간들과도 대화하고 어떤 종류의 동물이 남다른 능력이 있다는 것을 발견할 때마다 그것이 지혜를 늘리는 데 어떤 독특한 방법으로 기여하는지 알려고 노력한다면, 그때 사람들이 요즘 사람들보다 천 배나 만 배나 더 행복했으리라고 판단하기는 쉬운 일일 걸세. 그러나 만약 그들이 배가 터지도록 먹고 마시며 저들끼리도 동물들과도 나
d 눈 것으로 오늘날 전해지는 그런 종류의 대화나 나눈다면, 적어도 내가 보기에는 이 경우에도 판단하기가 어렵지 않은 것 같네. 하

지만 이 문제는 제쳐두기로 하세. 당시 사람들이 지식과 관련하여
이 두 가지 가운데 어떤 태도를 취했으며 어떤 목적을 위해 대화
를 나누었는지 믿을 만한 정보를 제공할 수 있는 누군가를 우리가
만날 때까지는 말일세. 지금은 우리가 왜 이런 이야기를 끄집어냈
는지 그 이유를 말해야겠지. 그래야만 우리가 이야기를 진척시켜
결론을 내릴 수 있을 테니까.

결국 이 모든 것들의 기한이 차서 변화의 시간이 다가왔을 때
대지에서 태어난 종족은 완전히 소진되었네. 개개의 혼이 정해진 e
횟수만큼 씨앗으로서 땅에 떨어짐으로써 출생을 모두 마쳤기 때
문이지. 그러자 우주의 키잡이는 키를 놓아버리고 자신의 감시 초
소로 물러갔으며, 운명과 운명의 타고난 욕구는 우주가 역주행하
게 만들었네. 그러자 최고신과 더불어 우주의 여러 영역을 통치하
던 신들도 모두 무슨 일이 일어났는지 바로 알아차리고 자신들이
다스리던 우주의 영역들을 돌보기를 그만두었네.

우주는 그것이 출발하여 나아가던 것과 반대 방향으로 도로 밀 273a
쳐지며 엄청나게 충격을 받았고, 이런 충격은 또다시 모든 종류
의 생물을 절멸시켰네. 그러나 그 뒤 충분한 시간이 흐르자 혼돈
과 혼란이 종식되고 충격이 가라앉으면서 우주는 평온을 되찾았
고 익숙한 궤도에 정상적으로 진입했네. 그리고 우주는 자신과 자 b
신 안에 있는 것들을 돌보며 지배했고 아버지 창조주의 가르침을
최대한 상기하여 실천에 옮겼네. 우주는 그분의 지시를 처음에는
아주 정확하게 이행했지만, 우주에는 물질적인 요소가 섞여 있는

탓에 나중에는 덜 정확하게 이행했네. 물질적인 요소는 우주의 원
초적인 요소 가운데 하나로 현재의 우주 질서에 이르기 전에는 몹
시 무질서했기 때문이지. 우주는 창조주로부터는 훌륭한 것들만
c 받았지만 이전 상태로부터는 하늘의 악과 불의를 스스로 가질뿐
더러 동물들 안에도 그것이 생겨나게 했네. 우주가 키잡이의 도움
을 받는 동안에는 자기 안에서 양육한 생물들 안에 나쁜 것은 적
게 낳고 좋은 것은 많이 낳았네. 그러다가 키잡이는 떠나버리지.
그러면 키잡이가 떠난 직후 우주는 여전히 모든 것을 잘 관리하지
만, 세월이 흐르면 그분의 지시를 점점 더 망각하네. 그러면 태초
d 의 부조화 상태가 우주를 지배하게 되고, 이 시기가 끝날 때쯤 망
각이 기승을 부리면 우주 안에 좋은 것은 적게 섞이고 나쁜 것은
많이 섞여서, 우주 스스로도 그 안에 있는 것들도 파멸의 위기를
맞게 되지.

그러면 우주에 질서를 부여한 신은 바로 그 순간 우주가 어려움
에 맞닥뜨린 것을 보고는 우주가 폭풍에 들까불려 산산조각이 나
e 고 끝없는 혼돈의 바다에 침몰할까 봐 염려되어 다시 키잡이 자리
에 앉는다네. 그러고 나서 그는 우주가 제멋대로 하던 이전 주기
때 병들고 무질서해진 것을 되돌려 다시 제 궤도에 올려놓음으로
써 우주를 죽음도 나이도 모르는 존재로 만든다네.

이것이 우리 이야기의 전부일세. 그중 첫 부분은 왕도의 본성을 이해하는 데 도움이 될 걸세. 자네도 보다시피, 일단 우주가 오늘날의 생성 주기로 되돌아서자 생물의 노화(老化) 과정이 다시 멈

추고 이전의 현상과 상반되는 새로운 변화들이 일어났네. 작아서 사라질 뻔했던 생물들은 자라나기 시작했고, 대지에서 백발로 갓 태어난 몸들은 도로 죽어서 대지로 돌아가기 시작했네. 우주에 일 274a
어난 일은 모든 것이 겪는 변화에서도 반복되고 재현되었으며, 특히 임신과 출산과 양육의 과정은 보편적인 양식을 따를 수밖에 없었네. 왜냐하면 동물이 상이한 요소들의 결합을 통해 땅속에서 자란다는 것은 더 이상 불가능하고, 마치 우주 전체가 자기 진로에 스스로 책임지도록 정해졌듯이 우주의 모든 구성요소들도 같은 충동에 이끌려 최대한 자력으로 성장하고 출산하고 양육하도록 정해졌기 때문이지.

이제 우리는 사실상 우리 논의의 결말에 다다랐네. 다른 동물 b
들이 어떻게 왜 변했는지 설명하기란 어렵고 복잡한 일이지만 인간들에게 일어난 일을 설명하는 것은 오래 걸리지 않을 텐데, 그것이 우리의 목적에는 더 중요하니까. 전에는 어떤 수호신이 우리의 임자로서 우리를 부양했지만, 나중에 우리는 그분의 돌봄도 받지 못했네. 게다가 원래 성질이 거칠던 대부분의 동물은 사나워져서 원래 약한 데다 무방비상태가 된 인간들을 먹이로 삼기 시작했네. 이 초기의 인간들에게는 아직 도구도 없고 기술도 없었네. 저 c
절로 자라던 먹을거리가 떨어졌어도, 전에는 그럴 필요를 전혀 느끼지 못해 먹을거리를 마련할 방법을 몰랐기 때문이지. 이런 모든 이유에서 인간들은 큰 곤경에 빠졌네. 그래서 신들이 우리가 옛이야기로 전해 듣는 선물들을 필요한 교육과 훈련과 더불어 인간들

d 에게 주었네. 불은 프로메테우스[6]가, 기술은 헤파이스토스[7]와 그의 동료 기술자인 여신[8]이, 씨앗과 식물은 다른 신들[9]이 주었네. 그리고 인생을 살아가는 데 도움이 된 것은 모두 그것들에서 파생되었네. 그도 그럴 것이, 내가 잠시 전에 말한 것처럼 신이 더 이상 돌봐주지 않자 인간들은 혼자 힘으로 살림을 꾸려나가고 스스로 자신을 돌봐야 했으니까. 우리가 때로는 지금 방식으로 때로는 이전 방식으로 태어나 자라면서 언제까지고 모방하고 따라야 하는
e 우주 전체가 그러듯이 말일세. 이쯤에서 신화 이야기는 끝내고, 이 이야기를 이용해 우리가 이전 논의에서 왕과 정치가를 설명할 때 얼마나 큰 실수를 저질렀는지 알아보도록 하세.

6 프로메테우스는 티탄 신족 가운데 한 명인 이아페토스의 아들로, 인간들에게 불을 가져다주었다고 한다.

7 헤파이스토스는 그리스 신화에서 불과 금속공예의 신이다.

8 전쟁과 직조와 도예와 올리브 재배의 여신 아테나.

9 곡물과 농업의 여신 데메테르(Demeter)와 포도주의 신 디오뉘소스(Dionysos).

아틀란티스 섬과 고대 아테나이

『티마이오스』와 『크리티아스』에서

『티마이오스』(20d~25d)에서

20d **크리티아스** 그렇다면 소크라테스님, 내 이야기를 들어보세요. 내
이야기가 몹시 이상하게 들릴는지 몰라도, 일찍이 일곱 현인[1] 중에
e 서 가장 현명한 솔론[2]이 말했듯이 틀림없는 실화(實話)예요. 솔론
은 내 증조부 드로피데스[3]와는 친족 간이자 막역한 친구였어요.
솔론 스스로 자신의 시(詩) 여기저기서 그렇게 말하고 있어요. 이
이야기를 드로피데스께서는 내 조부이신 크리티아스[4]께 들려주
셨고, 크리티아스께서는 또 이를 기억하고 있다가 노인이 되었을
때 우리에게 들려주시곤 했지요. 그 이야기의 내용인즉, 옛날에 우
리 도시 아테나이가 놀라운 위업(偉業)들을 남겼는데 세월이 흐
르고 인간들이 사멸하는[5] 바람에 사라져버렸다는 것이었어요. 그
21a 중 한 가지 업적이 특히 인상적이었는데, 오늘 그 업적을 기리는 것
은 그대에게 적절히 사의(謝意)를 표하는 일도 되고, 우리 여신[6]의
축제일[7]을 맞아 여신에게 바치는 찬가로써 진실하고 올바르게 경

의를 표하는 일도 될 거예요.

소크라테스 좋은 말씀이오. 그런데 크리티아스님이 솔론한테서 듣고 그대에게 전했다는, 우리 도시가 예전에 실제로 이룩했지만 기록되지 않았다는 그 위업이란 대체 어떤 것이오?

크리티아스 이야기하겠습니다. 비록 오래전 이야기를 연만하신 분으로부터 들은 것이지만 말예요. 그때 크리티아스께서는 당신 말로 아흔 살이 다 되셨고, 나는 열 살쯤 되었으니까요. 그날은 마침 b

1 고대 그리스 세계의 이른바 '일곱 현인'은 밀레토스(Miletos, 이오니아 지방의 항구도시)의 탈레스(Thales), 아테나이(Athenai)의 솔론(Solon), 프리에네(Priene, 소아시아 이오니아 지방의 뮈칼레 곶에 있는 도시)의 비아스(Bias), 스파르테(Sparte)의 킬론(Chilon), 린도스(Lindos, 로도스 섬에 있는 도시)의 클레오불로스(Kleoboulos), 코린토스(Korinthos)의 페리안드로스(Periandros), 미틸레네(Mitylene 또는 Mytilene, 레스보스 섬에 있는 도시)의 핏타코스(Pittakos)이다.

2 솔론(기원전 640년경~560년경)은 아테나이의 입법자이자 시인으로, 기원전 594년 아테나이의 아르콘(archon)으로 선출된 바 있다.

3 Dropides.

4 Kritias. 고대 그리스에서는 손자가 할아버지의 이름을 쓰는 일이 흔했다.

5 대홍수 같은 자연재해 때문에.

6 아테나이의 수호여신 아테나. 아테나는 전쟁과 직조와 도예와 올리브 재배의 여신이다.

7 판아테나이아제(Panathenaia)는 아테나의 탄생을 기리는 대규모 여름 축제로, 해마다 지금의 7월 말에 개최되었다. 이때 아테나이 시민들은 파르테논(Parthenon) 신전의 프리즈(frieze)에서 볼 수 있듯이 파르테논을 향해 행렬을 지어 올라갔고 황소들을 제물로 바쳤으며 신전 안에 안치된 거대한 여신상에 새 옷(peplos)을 지어 바쳤다. 4년에 한 번씩 대규모로 개최된 대(大)판아테나이아제 때는 각종 경기, 경마, 시가(詩歌) 경연도 곁들여졌다.

아파투리아제[8]의 셋째 날로 쿠레오티스제가 개최되었지요. 이때
는 우리들 소년을 위한 통상적인 행사도 있었는데, 아버지들이 상
(賞)을 내걸고 우리더러 다투어 시를 음송하게 했습니다. 많은 시
인의 많은 시가 음송되었지만 많은 소년이 솔론의 시를 음송했어
요. 그때는 그의 시들이 새로웠으니까요. 그런데 집안 어른들 가
운데 한 분이 그때는 실제로 그렇게 생각했기 때문이든, 아니면 내
할아버지 크리티아스를 즐겁게 해주고 싶었는지, 자기가 보기에
c 는 솔론이야말로 사람들 중에서 가장 지혜로울 뿐 아니라 그의 시
는 그가 모든 시인들 중에서 가장 자유민다운[9] 시인임을 보여준다
고 말했어요. 그러자 연로하신 할아버지께서—나는 똑똑히 기억
하고 있어요—기분이 몹시 흐뭇해서 미소 지으며 말씀하셨어요.
"그렇소, 아뮈난드로스.[10] 솔론이 소일거리 삼아 작시(作詩)하는
대신 남들처럼 진지하게 작시했더라면 좋았을 거요. 만약 솔론이
아이귑토스[11]에서 갖고 돌아온 이야기를 완성했다면, 그리고 이곳
으로 돌아온 그가 파쟁과 다른 악들을 만나 그 이야기를 포기할
d 수밖에 없는 상황이 아니었다면, 내가 생각하기에 헤시오도스[12]도
호메로스[13]도 그 밖의 다른 시인도 솔론보다 더 유명해지지 못했
을 거요." "크리티아스, 그게 대체 어떤 이야기였나요?" 하고 아뮈
난드로스가 물었어요. "그것은 이 도시가 이룩한 가장 큰 업적으
로 널리 알려질 만한 가치가 있는 일이었는데 세월이 흐르고 거기
에 참가했던 사람들이 사멸하는 바람에 우리 시대까지 전승되지
못했던 것이라오." "처음부터 들려주시오" 하고 아뮈난드로스가

말했어요. "솔론이 들었다는 그 '실화'란 대체 어떤 것이었소? 솔론은 그것을 어떻게, 누구한테서 들었답니까?"

"아이귑토스에는" 하고 크리티아스께서 말씀하셨소. "네일로스[14] e
강이 갈라지는 삼각주의 꼭대기에 사이티코스[15]라 불리는 지역이 있소. 이 지역에서 가장 큰 도시는 사이스[16]인데, 그곳은 아마시스[17] 왕이 태어난 곳이기도 하오. 이 도시를 창건한 여신의 이름은 아이귑토스어로는 네이트[18]이고, 아이귑토스인들에 따르면 헬라스[19]어로는 아테나[20]랍니다. 그곳 사람들은 아테나이에 매우 우호

8 아파투리아제(Apatouria)는 지금의 10월과 11월 사이에 아테나이에서 사흘 동안 개최되던 축제이다. 셋째 날인 쿠레오티스제(Koureotis) 때는 시민의 아들들이 부족원으로 등록되었는데, 이날은 아버지들이 상을 내걸고 아들들이 다투어 시를 음송하게 했다고 한다.

9 보수나 보답을 바라지 않는.

10 아뮈난드로스(Amynandros)에 관해서는 달리 알려진 것이 없다.

11 아이귑토스(Aigyptos)는 이집트의 그리스어 이름이다.

12 헤시오도스는 기원전 700년경에 활동한 그리스의 서사시인이다. 작품으로 『신들의 계보』, 『일과 날』 등이 남아 있다.

13 호메로스는 기원전 730년경에 활동한 그리스의 서사시인이다. 작품으로 『일리아스』와 『오뒷세이아』가 남아 있다.

14 네일로스(Neilos)는 나일 강의 그리스어 이름이다.

15 Saitikos.

16 Sais.

17 아마시스(Amasis) 왕에 관해서는 헤로도토스(Herodotos), 『역사』(*Histories apodexis*) 2권 172장 이하 참조..

18 Neith.

19 그리스.

적이고 어떤 의미에서는 자기들이 우리들 아테나이인과 친족 간
이라고 주장한대요. 솔론이 말하기를, 자기는 바로 그곳에 갔다가
22a 융숭한 대접을 받았을뿐더러, 고사(古事)에 가장 밝은 사제들에
게 옛일을 물어보다가 자신도 다른 헬라스인도 고사에 관해서는
완전히 무지하다는 것을 깨닫게 되었답니다. 한번은 솔론이 사제
들을 고사에 관한 토론으로 끌어들이려고 우리 설화들 가운데 가
장 오래된 이른바 최초의 인간이라는 포로네우스[21]와 니오베[22]의
b 이야기에서 시작하여 데우칼리온과 퓌르라가 어떻게 대홍수에서
살아남았는지 말해주었대요.[23] 그러고 나서 솔론은 데우칼리온과
퓌르라의 자손들의 계보를 읊으면서 그런 사건들이 있고 나서 얼
마나 많은 세월이 흘렀는지 계산하려고 했대요.

그러자 고령의 사제 한 명이 솔론에게 말했대요. '오, 솔론, 솔
론. 그대들 헬라스인은 언제나 아이들이오. 헬라스에는 노인 같은
것은 없어요.' 이 말을 듣고 솔론이 물었답니다. '그게 무슨 말씀이
죠?' '그대들은 모두 마음이 젊어요' 하고 그 사제가 말했대요. '그
대들의 마음속에는 오랜 전통에 뿌리내린 믿음도 없고 예부터 전
c 해오는 지식도 없어요. 그 이유는 다음과 같소. 인간들은 여러 가
지 재앙으로 인해 몇 차례 사멸했고 앞으로도 사멸할 것인데, 가
장 심한 경우는 불과 물 때문이었고, 그보다 덜한 다른 경우들은
수없이 많은 원인들 때문이었소. 이를테면 그대들에게는 언젠가
태양신 헬리오스[24]의 아들 파에톤[25]이 아버지의 마차에 말들을
매었지만 아버지가 다니던 궤도를 따라 마차를 몰 수 없어서 대지

의 표면에 있는 것들을 몽땅 불태우고 자신도 벼락을 맞아 죽었다
는 이야기가 있소. 이 이야기는 신화의 형태로 전해오고 있지만,
대지 주위를 회전하는 천체들이 긴 시간 간격을 두고 궤도를 이탈 d
해서 지상에 있는 것들을 대화재로 파괴한다는 사실을 암시하고
있다오. 그럴 때는 산지(山地)나 건조한 고지대에 사는 사람들이
강이나 바닷가에 사는 사람들보다 더 많이 죽지요. 그러나 늘 우
리를 구원해주곤 하는 네일로스 강은 그럴 때도 풀려나[26] 우리를
구원해준다오. 한편 신들이 홍수로 대지를 청소할 때는 산지에 사
는 목자들과 양치기들은 목숨을 건지지만 그대들의 도시들에 거 e
주하는 주민들은 불어난 강물에 바다로 휩쓸려가지요. 그러나 우
리나라에서는 그럴 때나 다른 때나 물이 위에서 우리 들판들로 흘
러내리는 것이 아니라,[27] 저절로 밑에서 위로 솟아오른다오.[28]

20 주 6 참조.

21 아르고스(Argos) 지방의 신화에 따르면 포로네우스(Phoroneus)는 초기 또는 최초의 인간이었다고 한다.

22 니오베(Niobe)는 포로네우스의 딸로, 제우스와 결합하여 아르고스인들의 시조 할머니가 되었다고 한다.

23 그리스인들의 조상으로 여겨지는 데우칼리온(Deukalion)과 퓌르라(Pyrrha) 부부가 대홍수에서 살아남은 이야기는 구약 「창세기」에 나오는 노아(Noah)의 방주를 떠올리게 한다.

24 Helios.

25 Phaeton.

26 강물을 관개시설을 통해 방방곡곡에 방류한다는 뜻인 것 같다.

27 이집트는 강수량이 적기로 유명한 곳이다.

그래서 이곳에 보존된 전승들이 가장 오래된 것이라는 말을 듣는 것이지요. 사실은 혹한이나 혹서 때문에 사람들이 거주할 수 없는 곳이 아니라면 언제고 어디서나 사람들이 때로는 많이, 때로
23a 는 적게 모여 살겠지만 말이오. 하지만 그대들의 나라나 이곳 아이귑토스나 그 밖의 다른 곳에서 훌륭하고 위대하고 특이한 사건이 일어났다는 소문이 들리면 우리는 예부터 빠짐없이 이곳의 신전들에서 기록하여 보존해왔소. 반면 그대들의 나라나 다른 곳에서는 문자와 그 밖에 도시 생활에 필요한 것들이 구비되자마자 또다시 통상적인 햇수가 지나고 나면 하늘에서 폭우가 전염병처럼 덮쳐 그대들 가운데 문맹자들과 교양 없는 자들만 남겨놓는다오. 그
b 래서 그대들은 이곳에서 또는 그대들의 나라에서 옛날에 일어났던 일들은 아무것도 모른 채 다시 어린아이가 된다오.

이를테면 솔론, 그대가 방금 언급한 그대 동포들의 계보는 아이들에게 들려주는 동화와 별반 다를 게 없소. 첫째, 그대들은 이전에 일어난 수많은 대홍수 가운데 하나만 기억하고 있소. 더구나 그대들은 세상에서 가장 고상하고 가장 훌륭한 종족이 그대들의 나라에 살고 있었다는 것을 모르고 있소. 그대도 지금의 그대 나
c 라의 모든 시민도 얼마 남지 않은 이 종족의 후손들이라오. 하지만 그대들은 이 사실을 모르고 있어요. 살아남은 자들이 여러 세대에 걸쳐 아무 기록도 남기지 않고 죽어갔기 때문이오.

솔론, 가장 파괴적인 대홍수가 있기 전 지금의 아테나이인들의 나라는 전쟁에도 가장 능했지만 모든 면에서 탁월하게 잘 다스려

지고 있었소. 그 나라의 업적과 정체(政體)는 우리가 전해 들은 것들 가운데 세상에서 가장 훌륭한 것이었다고 하니까요.'

솔론이 말하기를, 자기는 이 말을 듣고 놀라서 우리의 옛 시민 d
들에 관한 이야기를 순서대로 자초지종 이야기해달라고 사제들에
게 간곡히 청했답니다. 그러자 그 사제가 말했대요. '솔론, 내 기꺼
이 이야기하리다. 그대와 그대들의 도시를 위해서. 특히 그대들의
나라와 이 나라의 수호여신으로서 이 두 나라를 길러주고 가르쳐
주신 여신[29]을 위해서. 여신은 가이아[30]와 헤파이스토스[31]한테서 e
씨를 받아[32] 먼저 그대들의 나라를 세우고 나서 1천 년 뒤에 우리
나라를 세웠다오. 이곳의 제도는 우리 신전에 보관되어 있는 기록
에 따르면 8천 년 된 것이라오. 그러니까 나는 9천 년 전에 살았던
시민들의 법률과 가장 훌륭한 업적을 그대에게 간략히 밝히려는
것이오. 그것을 소상히 논하는 일은 나중에 여가가 날 때 기록을 24a
앞에 놓고 할 수 있을 거요.

28 이집트의 나일 강은 지중해 연안에 있는 여느 강들과는 달리 여름에 범람하고 겨울에 수량이 줄어드는데, 이는 고대 그리스 학자들 사이에 끝없는 연구대상이었다.

29 아테나.

30 가이아는 대지의 여신이다.

31 헤파이스토스는 불과 금속공예의 신이다.

32 아테나이의 전설에 따르면, 헤파이스토스가 아테나를 겁탈하려다 실패해 정액이 대지에 떨어지자 거기에서 아테나이인들의 시조인 에릭토니오스(Erichthonios)가 태어났다고 한다.

그대는 그들의 법률을 우리의 법률과 비교해보시구려. 그대는
당시 그대들의 나라에 있었던 것들의 많은 예(例)를 지금 이곳에
서 발견하게 될 거요. 첫째, 사제 계급은 나머지 계급과 분리되어
있소. 그다음, 목자나 사냥꾼이나 농부 같은 장인 계급은 저마다
b 자기 직업에 종사하고 남의 일에 참견하지 않아요. 그대는 틀림없
이 이곳의 전사 계급이 다른 모든 계급과 분리되어 있는 것을 보았
을 텐데, 그들은 전쟁 말고 다른 일에 관심 두는 것이 법으로 금지
되어 있소. 게다가 그들의 무구(武具)는 창과 방패인데, 아시아인
들[33] 중에서는 우리가 처음으로 그런 것들을 들고 다녔다오. 그대
들이 살고 있는 그쪽 지역에서는 여신이 맨 먼저 그대들에게 그렇
게 하도록 가르쳤듯이, 우리도 그렇게 하도록 여신이 가르쳤기 때
문이오. 또한 지혜[34]와 관련해서도, 그대는 이곳에서의 우리 생활
방식이 처음부터 지혜에 얼마나 주의를 기울이는지 틀림없이 보았
c 을 거요. 우리는 우주의 질서를 철저히 공부하다가 그런 신성한 원
리에 근거하여 예언술과 건강에 필요한 의술을 포함하여 인생사
와 관련 있는 모든 것을 발견했으며, 그런 원칙들에서 비롯되는 다
른 분야의 지식들도 모두 습득했소.

이런 모든 질서와 제도를 여신은 그대들의 나라를 세웠을 때 먼
저 그대들에게 부여했지요. 그대들이 태어난 곳을 여신이 택한 까
닭은 기후가 온화한 그곳에서 가장 지혜로운 사람들이 태어나리
d 라는 것을 알았기 때문이오. 여신은 전쟁을 좋아하고 지혜를 사
랑하는지라 자기를 가장 닮은 사람들이 태어날 곳을 골라서 그곳

에 맨 처음으로 도시를 건설한 것이라오. 그리하여 그대들은 내가 말한 것과 같은 법을 준수하며 그곳에 살기 시작했소. 사실 그대들은 우리보다 더 나은 제도를 갖추고 있었으며 모든 미덕[35]에서 모든 사람들을 능가했소. 놀랄 일도 아니지요. 그대들은 신들의 자손들이자 피보호자들이니까요.

이곳에 기록되어 있는 그대들 나라의 많은 위업이 경탄을 자아내지만, 그중에서도 하나의 위업이 중요성과 탁월함에서 모든 것
을 능가하오. 우리 기록에 따르면, 에우로페[36]와 아시아의 도시들 e
을 공격하기 위해 아틀란티스 해[37]에 있던 기지에서 오만불손하게 진격해온 큰 세력을 그대들의 도시가 제지했다고 하오. 그때 아틀란티스 해는 항해할 수 없었는데, 그대들이 헤라클레스의 기둥들[38]이라 부른다는 해협 앞에 섬[39]이 하나 있었기 때문이오. 그 섬은 리뷔에[40]와 아시아를 합친 것보다 더 컸소. 당시 항해자들은

33 고대 그리스인들은 이집트를 아시아의 일부로 간주했다.

34 phronesis.

35 arete.

36 에우로페(Europe)는 지금의 유럽 대륙이다.

37 to Atlantikon pelagos. 지금의 대서양.

38 Herakleous stelai. 지금의 지브롤터(Gibralter) 해협의 에스파냐 쪽에 있는 칼페(Calpe) 산과 아프리카 해안에 있는 아뷜레(Abyle) 산. 헤라클레스는 인간을 위협하던 수많은 괴물을 퇴치한 그리스의 영웅이다.

39 he Atlantis nesos.

40 리뷔에(Libye)는 지금의 북아프리카이다.

이 섬에서 다른 섬들에 접근할 수 있었고, 다른 섬들에서 다시 진
25a 정한 대양[41]이라 불릴 자격이 있는 바다를 둘러싸고 있는 맞은편
육지의 어느 지점으로든 건너갈 수 있었소. 우리가 말한 해협 이쪽
의 모든 것은 입구가 좁은 항구와 같은 데 반해, 저쪽 바다는 진정
한 의미의 대양이고 그 바다를 둘러싸고 있는 육지는 진정한 의미
에서 '대륙'[42]이라 불릴 만했기에 하는 말이라오. 그런데 이 아틀
란티스 섬에는 강대하고 놀라운 왕조(王朝)가 생겨나 이 섬 전체
뿐 아니라 다른 많은 섬과 대륙의 일부도 지배하였소. 그에 더하
b 여 그 왕조는 해협 안쪽의 아이귑토스에 이르기까지의 리뷔에 땅
과 튀르레니아[43]에 이르기까지의 에우로페 땅도 다스렸다오. 그
런데 이 모든 세력이 똘똘 뭉쳐 그대들의 나라와 우리나라와 해협
안쪽의 모든 지역을 일거에 예속시키려 했다오. 솔론, 그때 그대들
나라의 능력과 탁월함과 힘이 만천하에 확연히 드러났다오. 그대
들 나라는 용기와 전술에서 남다른 두각을 나타내며 처음에는 헬
c 라스인들을 이끌다가 나중에 다른 헬라스인들이 이탈하는 바람
에 혼자서 싸울 수밖에 없게 되자 극단적인 위험을 무릅쓰며 침략
자들을 제압하고 전승기념비를 세웠으니까요. 그대들의 나라는
아직 예속되지 않은 사람들이 예속되는 것을 막아주었고, 헤라클
레스의 기둥들 안쪽에 거주하던 나머지 다른 사람들도 모두 너그
럽게 해방시켜주었으니 말이오.

d 그러나 얼마 뒤 엄청난 지진과 홍수가 발생하여 끔찍한 하룻밤
과 하루 낮이 경과하는 사이 그대들의 전사들은 모두 한꺼번에 땅

밑으로 가라앉았고, 마찬가지로 아틀란티스 섬도 바다 아래로 가라앉더니 사라져버렸다오. 그래서 그쪽 바다는 지금도 항해하거나 탐험할 수 없는 거요. 가라앉은 섬의 잔재인 수면 바로 밑의 진흙이 항해를 방해한다오.' "

41 pontos.

42 epeiros.

43 튀르레니아(Tyrrhenia)는 이탈리아 중서부 지방 에트루리아(Etruria)의 그리스어 이름이다.

『크리티아스』(108e~121c)에서

108e **크리티아스** 우리가 무엇보다도 먼저 명심해야 할 것은, 헤라클레스의 기둥들 바깥쪽에 살던 사람들과 안쪽에 살던 사람들 사이에 전쟁이 벌어진 이후로 기록에 따르면 9천 년쯤 경과했다는 거예요. 나는 지금 이 전쟁을 소상히 언급하려 합니다. 사람들이 말하기를, 한쪽 군대는 전쟁이 끝날 때까지 아테나이가 지휘했고, 다른 쪽 군대는 아틀란티스 섬의 왕들이 지휘했대요. 우리가 말했듯이, 이 아틀란티스 섬은 한때는 리뷔에와 아시아를 합친 것보
109a 다 더 컸습니다. 비록 지금은 지진 때문에 가라앉으며 해협에서 대양으로 나가려는 항해자들의 통행을 가로막는 항해할 수 없는 진흙만 남겼지만 말예요. 우리가 이야기보따리를 풀다 보면 당시 거주했던 수많은 비(非)헬라스인[1]들과 헬라스인 부족들에 관해 소상히 이야기할 기회가 있겠지요. 그러나 우리는 먼저 당시의 아테나이인들과 그들의 전쟁 적수들의 국력과 정체(政體)를 논해야 할

것이며, 그중에서도 아테나이인들 이야기를 먼저 해야 할 거예요.

옛날 옛적에 신들은 대지 전체를 추첨을 통해 자기들끼리 영역 b
별로 나누어 가졌고, 그 때문에 다투지는 않았어요.[2] 신들이 자기들 각자에게 적합한 것을 몰랐다거나, 알고 있으면서도 남들에게 더 적합한 것을 다툼을 통해 제 것으로 삼으려 했다고 생각하는 것은 사리에 맞지 않으니까요. 신들은 저마다 자기에게 정당하게 배정된 것을 흔쾌히 받아들여 자기 영역에 공동체들을 건설했고, 그러고 나서 자신의 소유물이자 피조물인 우리를 마치 목자가 가
축 돌보듯 돌보기 시작했지요. 그러나 신들은 마치 목자들이 가축 c
떼를 막대기로 쳐서 풀밭으로 몰고 가듯 물리적인 강압수단을 사용하지는 않았어요. 오히려 신들은 방향을 바꾸기가 가장 쉬운 후미에서 피조물을 조종하되, 마치 키잡이가 키를 이용하듯 설득을 통해 자신들의 계획대로 혼(魂)을 장악한 다음, 죽기 마련인 모든 피조물을 그런 방법으로 이끌고 조종했습니다.

추첨 결과 다른 신들은 다른 영역들을 배정받아 그곳을 다스리기 시작했어요. 그러나 헤파이스토스와 아테나는 같은 아버지에게서 태어난 오누이[3]인 데다 둘 다 지혜와 기술을 추구하는 성격

1 barbaros. '야만인'이라고도 번역한다.

2 이와는 달리 전통적인 그리스 신화에서는 포세이돈과 아테나 여신이 앗티케(Attike) 지방의 영유권을 놓고 서로 다투었다고 한다.

3 아테나는 어머니 없이 아버지 제우스의 머리에서 태어났고, 헤파이스토스는 제우스와 헤라 사이에서 태어났다고 한다.

도 같은지라 이곳 아테나이를 공동 영역으로 배정받았지요. 이곳
d 은 미덕과 지혜에 어울리는 고장이니까요. 그리고 두 신은 이곳의
대지에서 용감한 사람들이 태어나게 하여[4] 그들에게 나라를 어떻
게 다스릴 것인지 가르쳐주었지요.

최초의 아테나이인들 이름은 남아 있지만 그들의 행적은 후계
자들이 사멸하고 오랜 세월이 경과한 탓에 잊히고 말았어요. 내가
앞서 말했듯이,[5] 잇단 파멸에서 살아남은 자들은 무식한 두메산
골 사람들로 나라의 통치자들의 이름만 들었을 뿐 그들의 업적에
관해서는 아는 것이 거의 아무것도 없었으니 말예요. 그래서 그들
e 은 자식들에게 선조들의 이름을 붙여주는 것으로 만족했고, 선조
들의 미덕과 관습에 관해서는 그 각각에 관해 막연한 소문만 들
었을 뿐 아는 것이 하나도 없었지요. 여러 세대 동안 그들과 그들
110a 의 자식들은 생필품이 부족하여, 생필품을 구하는 데 전념하며
이 문제와 관련한 대화를 나눌 뿐 먼 과거사에는 관심이 없었으니
까요. 신화나 과거사에 대한 탐구는 사람들에게 생필품이 충분히
비축되어 있는 것을 보고서야 여가와 더불어 도시들을 방문하는
법이지요.

아무튼 이런 이유에서 옛날 사람들의 이름은 보존되고 행적들
은 보존되지 않았습니다. 내가 그렇게 주장하는 근거는, 솔론이
전하는 바에 따르면, 아이귑토스의 사제들이 당시의 전쟁에 관해
들려준 이야기에는 케크롭스, 에렉테우스, 에릭토니오스, 에뤼식
b 톤[6]과 그 밖에 다른 테세우스[7]의 전임자들 이름이 대부분 나올

뿐 아니라 여자들의 이름도 나온다는 거예요. 무엇보다도 아테나 여신의 무구들과 입상(立像)들을 생각해보세요. 그때는 남자와 여자가 함께 군사훈련에 참가했습니다. 그래서 이런 관습을 반영하기 위해 무장한 여신상을 만들었던 것인데, 이는 무리 지어 사는 모든 동물은 암컷이든 수컷이든 각 종족 고유의 미덕을 최대한 c
공동으로 실현할 수 있다는 것을 암시하는 것이지요.[8]

그때 이 나라에 살던 시민 계급은 대부분 수공업과 농경에 종사했습니다. 그러나 신과 같은 사람들[9]에 의해 처음부터 격리되었던 전사 계급은 따로 살았지요. 생계와 교육에 필요한 것을 모두 구비하고서 말예요. 그들은 아무도 사유재산을 갖지 않았고 자신 d
들의 모든 재산을 모두의 공유물로 간주했습니다. 그들은 또한 적정량의 식량 공급 이상은 다른 시민들에게 아무것도 요구하지 않

4 아테나이의 전설에 따르면 에렉테우스(Erechtheus) 같은 그곳의 초기 왕들은 대지에서 태어난 반인반사(半人半蛇)의 괴물이었다고 한다. 그래서 아테나이인들은 자기들이 먼 옛날부터 앗티케 지방을 차지하고 살던 토박이라고 주장한다.

5 『티마이오스』 22d 이하.

6 Kekrops, Erechtheus, Erichthonios. 이들은 아테나이의 전설적인 왕들이다. 에뤼식톤(Erysichthon)은 텟살리아 지방의 왕으로, 농업과 곡물의 여신 데메테르(Demeter)의 원림에 있던 참나무를 베어낸 죄로 평생 허기에 시달린다.

7 테세우스(Theseus)는 아테나이 왕 아이게우스(Aigeus)의 아들로 우두인신(牛頭人身)의 식인 괴물인 크레테 섬의 미노타우로스(Minotauros)를 퇴치하는 등 혁혁한 전공을 세워 아테나이의 국민적인 영웅이 된다.

8 『국가』 471d, 540c 참조.

9 아테나이의 가상적인 창건자들.

았어요. 사실 그들의 생활방식은 모든 점에서 어제 가상적인 수호자들에 관해 논할 때 말했던 것과 같습니다.[10]

게다가 우리 영토에 관한 아이귑토스 사제들의 이야기도 믿을 만한 사실이었어요. 무엇보다도 그 무렵 우리 영토의 경계는 서쪽
e 으로는 코린토스 지협[11]에, 본토의 북쪽으로는 키타이론 산과 파르네스[12] 산 정상에 이르다가, 오른쪽의 오로포스와 왼쪽의 아소포스[13] 강 사이를 지나 동쪽 바다로 내려갔다니 말입니다. 그리고 우리나라는 어느 나라보다 토양이 비옥하여 농사일을 면제받은 대군(大軍)을 먹여 살릴 수 있었다고 해요. 우리나라의 토양이 비옥했다는 확실한 증거로, 아직도 남아 있는 그 잔재가 온갖 양질의 농작물을 넉넉히 수확하게 해주고 온갖 종류의 가축에게 꼴을
111a 넉넉히 대준다는 점에서 우리는 어느 나라에도 뒤지지 않는다는 사실을 지적할 수 있겠지요. 그런데 그때 우리나라가 생산한 농작물은 양도 많았지만 질도 좋았다고 합니다.

어떻게 그 말을 믿을 수 있느냐고요? 무슨 근거로 오늘날의 앗티케 지방의 토양을 당시 토양의 잔재라 할 수 있느냐고요? 앗티케 지방은 기다란 반도처럼 본토에서 바다로 툭 튀어나와 있고, 그것을 둘러싸고 있는 해안은 어디서나 갑자기 수심이 깊어집니다. 그리하여 지난 9천 년 동안—그때 이후로 지금까지 그만큼 시간
b 이 경과했으니까요—대홍수가 여러 차례 발생했고, 그렇게 주기적으로 자연재해가 발생하는 동안에는 고지대에서 씻겨 내려간 토양이 다른 지방에서처럼 이렇다 할 퇴적층을 형성하지 못하고

계속해서 바닷속으로 실려가 사라져버렸습니다. 실제로 남은 것은 불모의 작은 섬들과 같으며, 당시의 앗티케에 견주면 지금의 앗티케는 차라리 병든 몸의 앙상한 뼈와 같아요. 두텁고 부드럽던 표토(表土)는 씻겨 내려가고 육지는 뼈만 남았으니까요.

그러나 그때는 우리나라가 피해를 입지 않아, 산 대신 경작할 수 있는 구릉지들이 있었고, 이른바 '돌밭'들은 두터운 표토로 덮이고, 산들은 우거진 숲으로 덮여 있었는데, 지금도 우거진 숲의 흔적을 찾을 수 있습니다. 우리나라의 몇몇 산들은 지금은 벌 떼나 먹여 살릴 정도지만, 얼마 전까지만 해도 가장 큰 건물의 지붕으로 쓰일 목재들이 거기서 베어졌는데 그 지붕들이 아직도 건재하기에 하는 말예요. 또한 조림(造林)된 키 큰 나무들도 많아 가축 떼에게 먹이를 무한정 대주었지요. 또한 우리나라 토양은 제우스께서 해마다 내려주시는 빗물의 덕을 보았으며, 지금처럼 빗물이 벌거숭이 땅에서 바다로 흘러 사라져버리는 일은 없었습니다. 대신 빗물은 두터운 토양에 흡수되어 저수(貯水) 능력이 뛰어난 점

(c and d margin markers: c beside "그러나 그때는…", d beside "떼에게 먹이를…")

10 『티마이오스』 17c~19a 참조.

11 Isthmos.

12 키타이론(Kithairon)은 앗티케 지방과 북서쪽의 보이오티아(Boiotia) 지방의 경계를 이루는 산이다. 파르네스(Parnes) 산도 그 남동쪽에서 두 지방의 경계를 이루는 산이다.

13 오로포스(Oropos)는 아소포스 강 하구 남쪽에 있는 앗티케 지방의 도시이다. 아소포스(Asopos)는 보이오티아 지방의 강이다.

토층에 저장되어 있다가 고지대에서 골짜기로 흘러내리며 곳곳에
서 수많은 샘물과 강물로 모습을 드러냈지요. 그리고 이전에 샘이
있던 곳에 아직도 남아 있는 사당(祠堂)들은 우리나라에 관한 지
금의 이 이야기가 사실이라는 증거입니다.

e 이것이 이 나라 농촌지역 일반의 자연적인 조건이었어요. 그리
고 그곳은 농부들이 진정한 전업(專業) 농부로서 아름다운 것을
사랑하고 훌륭한 천성을 타고났으며 가장 기름진 땅과 넉넉한 물
과 더없이 온화한 날씨를 누릴 경우 우리가 예상할 수 있는 대로
가꾸어졌어요. 한편 도성(都城)은 당시 다음과 같이 정비되었습니
112a 다. 우선 아크로폴리스[14]가 지금과 달랐어요. 지금은 단 하룻밤의
폭우로 그곳의 토양이 유실되고 아크로폴리스만 벌거숭이로 남았
는데, 그것은 끔찍한 대홍수와—그것은 데우칼리온이 겪은 대홍
수 이전에 세 번째로 발생한 물에 의한 파국(破局)이었어요—지진
들의 합작품이었습니다. 그전에는 아크로폴리스가 에리다노스 강
과 일리소스[15] 강에 이르고 프뉙스[16] 언덕을 포함했으며 그 맞은편
의 뤼카벳토스[17] 산과 경계를 이루었지요. 아크로폴리스는 전체가
b 흙으로 덮여 있었고, 대부분 평평했습니다. 아크로폴리스 바깥쪽
비탈면 바로 아래 장인(匠人)들과 인근 들판을 경작하던 농부들
이 살았지요. 그리고 아크로폴리스 꼭대기에는 전사 계급이 마치
한집의 정원인 양 하나의 울타리로 둘러싸인 아테나와 헤파이스
토스의 신전 주위에 저들끼리 살고 있었지요. 그들은 아크로폴리
스의 북쪽 가장자리에 공동주택과 겨울에 공동으로 식사를 할 식

당들을 지었으며, 신전들 외에도 공동생활에 필요한 건물을 모두 구비하고 있었지요. 하지만 그들에게 금과 은은 없었으며, 어떤 목 c
적을 위해서도 금과 은을 사용하지 않았어요. 과시와 쩨쩨함 사이의 중용을 추구하던 그들은 반듯한 집을 지어 거기서 자손들과 함께 늙도록 살다가 자기들을 닮은 후손들에게 계속해서 그대로 물려주곤 했습니다. 여름이 되면 그들은 정원들과 체육관들과 공동식당들을 떠나 아크로폴리스의 남쪽 부분을 그런 용도로 사용했어요. 지금의 아크로폴리스가 있는 자리에는 샘이 하나 있었는데, 지진으로 막혀버린 지금 그것은 가는 물줄기가 되어 그 주위 d
로 졸졸 흐르지만 그때는 모든 사람들에게 넉넉히 물을 공급했으며 겨울에도 여름에도 일정한 온도를 유지했습니다.

그들은 이렇게 살았어요. 말하자면 그들은 동료 시민들과 기꺼이 추종하는 그 밖의 다른 헬라스인들의 수호자들로서, 벌써 또는 아직도 전투능력이 있는 남녀 전사들의 수가 자기들 사이에서 항상 2만 명 수준으로 유지되도록 최선을 다했지요. e

당시 아테나이인들은 그런 사람들이었고, 그들의 생활방식은

14 Akropolis. 도시의 언덕에 있는 신전 겸 성채.

15 에리다노스(Eridanos)는 아테나이 북쪽을, 일리소스(Ilisos)는 남쪽을 흐르는 강이다.

16 프뉙스(Pnyx)는 아테나이 서쪽에 위치한 언덕으로 민회(民會)가 개최되던 곳이다.

17 뤼카벳토스(Lykabettos)는 아테나이의 산이다.

내가 말한 것과 대동소이했어요. 그들은 자신들의 업무와 헬라스
의 업무를 공정하게 처리했기에 육체적인 아름다움과 혼의 온갖
미덕 덕분에 온 에우로페와 아시아에 명성이 자자했고, 당시 사람
들 중에 그들의 명성을 따를 자는 아무도 없었습니다. 이번에는
아테나이인들에게 맞서 싸웠던 자들과 관련하여, 내가 어릴 때 들
었던 그들의 성격과 기원을 아직도 기억할 수 있다면 지금 여러분
에게 털어놓을까 합니다. 친구들의 재산은 공유물이니까요.

113a 이야기를 시작하기 전에 먼저 여러분에게 간단하게 설명해둘
것이 있습니다. 그러지 않으면 비(非)헬라스인들에게 헬라스어 이
름이 계속해서 사용되는 것에 여러분은 놀라움을 금치 못할 테니
까요. 그래서 내가 그 이유를 말하려는 겁니다. 솔론은 이 이야기
를 소재로 작시할 구상을 하고 있던 터라 이름들의 의미를 물어보
다가 아이귑토스인들이 처음으로 그 이야기를 기록하면서 거기에
나오는 이름들을 자기들 말로 번역했다는 것을 알게 되었어요. 그
b 래서 솔론은 그 반대 과정을 거쳐 먼저 이름들의 의미를 알아낸
다음 그것을 헬라스어로 기록했던 거예요. 바로 그 원고들이 내
할아버지 수중에 들어갔다가 지금은 내 수중에 있어요. 나는 어
릴 때 그 원고들을 숙독한 적이 있습니다. 그러니 여러분은 헬라
스에서 사용되는 것과 같은 이름들을 듣더라도 놀라지 마세요. 이
제는 그 이유를 알았을 테니까요. 아무튼 그것은 긴 이야기이며,
대략 다음과 같이 시작하지요.

앞서 말했듯이, 신들은 대지 전체를 저들끼리 나누어 가지며 더

러는 더 큰 몫을, 더러는 더 작은 몫을 차지하고는 자신들을 위해 c
신전을 세우고 제물을 바치게 했습니다. 포세이돈[18]은 아틀란티
스 섬을 몫으로 받아 인간 여자가 그에게 낳아준 자식들을 지금
내가 설명하려는 이 섬의 어떤 지역에 정착시켰어요. 바닷가에서
섬 전체의 중앙까지 평야가 펼쳐져 있었는데, 모든 평야 중에서 가
장 아름답고 비옥했다고 해요. 평야 근처에는 바닷가에서 50스타
디온[19]쯤 떨어진 곳에 야트막한 언덕이 하나 있었습니다. 이 언덕
에는 대지에서 태어난 이 섬의 원주민 가운데 한 명인 에우에노르 d
라는 이름의 남자가 아내 레우킵페[20]와 함께 살고 있었습니다. 그
들에게는 클레이토[21]라는 외동딸이 있었어요. 그러나 그녀가 결
혼 적령기에 이르자 어머니도 아버지도 세상을 떠났어요. 그러자
포세이돈이 그녀에게 반해 그녀와 살을 섞었고, 그녀가 살던 언덕
을 바닷물과 육지로 된 다른 크기의 동심원(同心圓)들로 번갈아
에워쌈으로써 요새로 만들었어요. 동심원들 가운데 둘은 육지고
셋은 바닷물이었는데, 그는 마치 섬의 중앙을 선반의 회전축으로
삼은 것처럼 이것들이 섬의 중앙으로부터 사방으로 같은 거리만
큼 떨어져 있게 만들었지요. 그리하여 그 언덕에는 사람이 접근할 e

18 포세이돈은 그리스 신화에서 바다와 지진의 신이다.

19 당시 아테나이에서 1스타디온(stadion)은 177.6미터였다.

20 Euenor, Leukippe.

21 Kleitho.

수 없었습니다. 그때는 아직 배도 없고 항해할 줄도 몰랐으니까요.
포세이돈은 신인지라 섬의 중앙을 손쉽게 정비했으니, 지하에
서 분수들을 끌어올린 뒤 그중 하나에서는 더운물이, 다른 하나
에서는 찬물이 솟아오르게 하여 대지에서 온갖 농작물이 풍성하
게 자라게 했어요. 그는 아들 쌍둥이 다섯 쌍을 낳아 길렀고, 아
틀란티스 섬 전체를 열 부분으로 나누었어요. 그는 가장 나이 많
114a 은 쌍둥이 중 먼저 태어난 아들에게 가장 넓고 가장 비옥한 어머
니의 거주 지역과 그 주변 토지를 주며 다른 형제들을 다스리게 했
고, 다른 아들들에게는 각자 인구가 많은 넓은 지역을 주며 다스
리게 했습니다.
포세이돈은 아들들에게 모두 이름을 지어주었는데, 왕인 장남
에게는 거기에서 섬 전체와 주변 대양의 이름이 유래한 이름을 지
어주었어요. 그 주변 대양이 아틀란티코스 해[22]라고 불리는 것은
그 섬의 최초의 왕 이름이 아틀라스[23]였기 때문이라는 말이지요.
b 그다음에 태어난 그의 쌍둥이 아우는 헤라클레스의 기둥들에 가
장 가까우며 지금은 가데이라라고 불리는 곳과 마주 보고 있는
섬의 가장자리를 몫으로 받았는데, 그의 이름은 헬라스어로는 에
우멜로스이지만 그 지역 말로는 가데이로스[24]였으니, 가데이라라
는 지명은 거기서 유래한 것 같습니다. 포세이돈은 두 번째 쌍둥
이 가운데 한 명은 암페레스, 다른 한 명은 에우아이몬[25]이라 불
렀으며, 세 번째 쌍둥이 가운데 형은 므네세우스, 아우는 아우토
c 크톤[26]이라 이름 지었어요. 그리고 네 번째 쌍둥이 가운데 형은 엘

라십포스, 아우는 메스토르[27]라 불렀으며, 다섯 번째 쌍둥이 가운데 형은 아자에스, 아우는 디아프레페스[28]라 이름 붙였지요. 그의 아들들과 그들의 자손들은 누대(累代)에 걸쳐 이 섬에 살며 대양에 있던 수많은 다른 섬들을 다스렸을뿐더러, 내가 앞서 말했듯이[29] 아이귑토스와 튀르레니아에 이르기까지 헤라클레스의 기둥들 이쪽에 사는 사람들도 모두 지배했어요.

아틀라스 집안은 자손들이 번성하고 남들에게 존경받았으며, d
대대로 장자에서 장자로 왕권을 계승했어요. 그리하여 그들은 누대에 걸쳐 왕권을 유지하며 이전의 어떤 왕가도 모은 적 없고 훗날의 어떤 왕가도 모으기 쉽지 않을 만큼 막대한 부를 축적했으며, 도시와 그들의 영토의 여타 지역에서 생활하는 데 필요한 것을 모두 갖추었어요. 그들의 제국은 많은 물품을 해외에서 들여왔지만, 섬 자체가 대부분의 생필품을 대주었으니까요. 첫째, 그들에게는 e
석재든 광물이든 땅에서 채굴할 수 있는 것은 무엇이든 다 있었으

22 to Atlantikon pelagos.

23 Atlas.

24 Gadeira, Eumelos, Gadeiros. 가데이라는 오늘날 에스파냐의 서남해안 앞바다에 있는 카디스(Cadiz) 섬이다

25 Ampheres, Euaimon.

26 Mneseus, Autochthon.

27 Elasippos, Mestor.

28 Azaes, Diaprepes.

29 『티마이오스』 25a~b 참조.

며, 실제로 섬의 여러 지역에서 지금은 이름만 남았지만 그때는 이름 이상이었으며, 황금 말고는 가장 값진 광물이었던 오레이칼코스[30]가 대량으로 채굴되었어요. 둘째, 숲은 건축용 목재를 넉넉히 공급했으며 길들인 동물들과 야생동물들에게 먹을거리를 충분히 제공했습니다. 게다가 코끼리도 상당수 있었어요. 늪가나 호숫가
115a 나 강가나 산중이나 들판에 서식하는 모든 동물뿐만 아니라 덩치가 가장 크고 먹성이 가장 좋은 이 동물들에게도 충분한 목초지가 있었으니까요.

셋째, 오늘날 대지가 기르는 모든 방향제는 뿌리든 풀이든 줄기든, 꽃이나 열매에서 짠 수지든 당시 그 섬에서 모두 생산되었어요. 넷째, 농작물로는 우리의 주식인 곡류와 우리가 콩이라고 통
b 칭하는 다른 식료품들은 물론이고, 보관하기는 어려워도 우리를 즐겁게 해주고 기분을 전환해주며 배불리 먹어 나른한 사람에게 반가운 후식으로 제공되는 마실 거리와 먹을거리와 기름의 공급원인 나무 열매들이 있었습니다. 이 모든 것이 햇살이 내리쬐는 이 신성한 섬에서 당시 놀랍도록 아름답게 대량으로 생산되었어요.
c 그리고 이런 농작물이 대량으로 생산되자 그들은 신전과 궁전과 항구와 조선소들을 짓기 시작했고, 자신들의 영토 전체를 다음과 같이 정비했어요.[31]

그들이 맨 먼저 한 일은 어머니가 원래 살던 곳을 에워싼 바닷물 원들에 다리를 놓아 궁전에 드나들 수 있는 길을 만드는 것이었습니다. 그리고 나서 포세이돈과 자신들의 선조가 살던 곳에 곧

바로 이 궁전을 짓기 시작했는데, 그것은 대물림되면서 새 왕이
등극할 때마다 전왕(前王)이 장식해놓은 것을 능가하려고 최선
을 다했기에 보기에 놀랍도록 크고 아름다운 저택이 되었어요. 또 d
한 그들은 바다에서 맨 바깥쪽 바닷물 원에 이르는 너비 3플레트
론, 깊이 100푸스,[32] 길이 50스타디온의 운하를 파기 시작했는데,

30 oreichalkos('산에서 나는 구리')가 어떤 금속인지 알 수 없지만, 동과 주석 또는 동과 금의 합금으로 보는 이들도 있다.

31 그림으로 나타내면 다음과 같다.

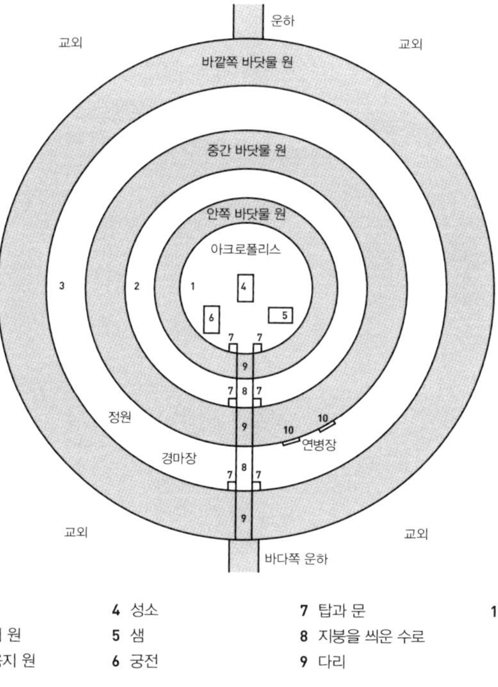

1 중앙 섬 **4** 성소 **7** 탑과 문 **10** 조선소
2 안쪽 육지 원 **5** 샘 **8** 지붕을 씌운 수로
3 바깥쪽 육지 원 **6** 궁전 **9** 다리

32 당시 아테나이에서 1플레트론(plethron)은 29.6미터이고, 1푸스(pous)는 29.6센티미터였다.

입구가 넓어 아무리 큰 배들도 바다에서 맨 바깥쪽 원으로 항해해
들어와서 그곳을 항구로 이용할 수 있었지요. 게다가 바닷물 원들
을 갈라놓는 육지 원들에는 다리를 놓은 지점들에 삼단노선[33] 한
e 척이 너끈히 통과할 수 있을 만큼 넓은 수로(水路)를 만든 다음 지
붕을 씌워 배가 그 밑으로 통과할 수 있게 했습니다. 육지 원들의
둑이 해수면보다 꽤 높았기 때문이지요. 바다와 연결되어 있는 가
장 큰 바닷물 원은 너비가 3스타디온이고, 그다음의 육지 원도 너
비가 같았어요. 두 번째 쌍 가운데 바닷물 원은 너비가 2스타디온
이고, 육지 원도 그 앞의 바닷물 원과 너비가 같았어요. 중앙에 있
116a 는 섬을 직접 에워싸고 있는 바닷물 원은 너비가 1스타디온이고,
궁전이 있던 섬은 지름이 5스타디온이었어요.

그들은 중앙 섬과 육지 원들과 너비가 1플레트론이나 되는 다리
양옆을 돌담으로 에워쌌고, 다리 양옆에는 바다로 나가는 지점들
에 탑을 세우고 문을 달았습니다. 또한 중앙 섬과 안쪽과 바깥쪽
육지 원들에서 돌을 캤는데, 어떤 것은 희고 어떤 것은 검고 어떤
b 것은 붉었어요. 그리고 그렇게 돌을 캐내어 지붕이 돌로 된 움푹
들어간 선착장 두 곳을 만들었어요. 그들은 어떤 건물들은 한 가
지 색깔로 지었지만, 단조로움을 깨기 위해 어떤 건물들에는 여러
가지 색깔의 돌을 섞어 사용함으로써 눈을 즐겁게 했어요. 그들은
맨 바깥쪽 육지 원의 외벽에는 빙 돌아가며 마치 칠을 하듯 청동
을 입혔고, 안쪽 육지 원의 외벽에는 녹인 주석을, 아크로폴리스
c 자체의 외벽에는 불처럼 번쩍이는 오레이칼코스를 입혔습니다.

아크로폴리스에 있는 궁전은 다음과 같이 지었어요. 아크로폴리스 한복판에는 클레이토와 포세이돈에게 봉헌된 성소(聖所)가 있었는데, 황금 담이 둘러져 있었어요. 이곳은 처음에 10명의 왕이 배태(胚胎)되었다가 출산된 곳이에요. 또한 10곳의 영지에서 해마다 첫 수확물을 바치면 10명의 왕은 저마다 이 성소에서 제물을
받았어요. 그곳에는 포세이돈의 신전도 있었는데, 길이가 1스타디 d
온이고 너비가 3플레트론이었으며, 높이는 길이나 너비와 보기 좋게 균형을 이루었지만 어딘가 비(非)헬라스적이라는 인상을 풍겼어요. 신전 외부는 도금된 박공(牔栱) 위의 상(像)들 말고는 온통 은으로 덮여 있었지요. 내부의 천장은 온통 상아인데 금과 은과 오레이칼코스로 장식되어 있었고, 그 밖에 벽과 기둥과 바닥은 모두 오레이칼코스로 덮여 있었어요. 그 안에는 날개 달린 말 여섯 필
이 끄는 전차를 타고 있는 신의 황금상이 안치되어 있었는데, 신 e
은 천장에 머리가 닿을 만큼 키가 컸어요. 신은 또한 네레우스[34] 딸 100명이 돌고래를 타고 있는 상들에 둘러싸여 있었어요. 당시 사람들은 네레우스의 딸들이 100명이라고 믿었으니까요.

신전 안에는 개인들이 봉헌한 다른 상들도 많았습니다. 신전 바깥에는 빙 돌아가며 10명의 왕들과 그들의 아내들과 그 자손들의

33 삼단노선(trieres)에 관해서는 '에르의 저승 여행' 주 10 참조.

34 네레우스(Nereus)는 '바다 노인'이라고도 불리는 해신 가운데 한 명으로, 그에게는 50명의 아리따운 딸들(Nereides)이 있었다고 한다.

황금상들과 함께 이 도시와 그 영토 출신의 왕들과 개인들이 바친
117a 대규모 봉헌물이 많이 안치되어 있었어요. 제단은 크기와 솜씨에서 건물에 어울렸으며, 궁전 또한 제국의 크기와 신전의 아름다움에 걸맞았어요.

그들은 두 개의 샘을 사용했는데 그중 한 샘에서는 찬물이, 다른 샘에서는 더운물이 나왔어요. 두 샘 모두 물맛도 좋고 수질도 좋아 제구실을 톡톡히 했을뿐더러 수량도 풍부했어요. 그들은 샘들 주위에 건물들을 짓고 그곳의 수온에 맞는 나무들을 심고 저
b 수시설들을 만들었는데, 일부는 노천시설이었고 일부는 겨울에 온천으로 사용하려고 지붕을 이었어요. 이 저수시설들은 왕족 전용, 일반인 전용, 여자들 전용, 말들과 짐 나르는 가축들 전용으로 구분되어 각각 그 용도에 맞는 시설을 갖추었습니다. 넘쳐흐르는 물은 토양이 비옥하여 각종 나무가 놀랍도록 아름답고 크게 자라는 포세이돈의 원림(園林)으로 돌렸다가 다리 옆의 배수로를 통해 바깥쪽 원들로 빼냈어요.

c 이들 바깥쪽 원들에는 수많은 신들에게 바쳐진 수많은 신전이 세워졌고, 정원과 연병장도 많았어요. 바닷물 원들에 의해 형성된 두 섬에는 저마다 사람을 위한 연병장과 말 훈련장이 분리되어 있었으며, 무엇보다도 이 섬들 가운데 더 큰 섬의 중앙에는 따로 경마장이 마련되어 있었어요. 경마장은 너비가 1스타디온이고, 길이는 섬을 온전히 한 바퀴 돌 정도였어요. 대부분의 근위병들은
d 경마장 양쪽에 있는 숙소에 거주했지만, 더 믿음직한 근위병에게

는 아크로폴리스에 더 가까운 더 작은 육지 원에 있는 숙소가 배정되었고, 가장 믿음직한 근위병들에게는 지근지처에서 왕을 호위하도록 아크로폴리스 안에 있는 숙소가 배정되었습니다. 조선소들은 필요한 장비를 빠짐없이 갖춘 삼단노선들로 가득 차 있었지요.

왕궁 주변에는 이런 시설들이 갖추어져 있었어요. 일단 세 곳의 바깥쪽 항구[35]를 통과하면 성벽이 있었는데, 그것은 바다에서
시작하여 가장 큰 바닷물 원과 그 항구에서 50스타디온의 거리를 e
유지한 채 한 바퀴 빙 돌아 출발점인 바다 쪽 운하로 되돌아옵니다. 이 성벽 안쪽에는 수많은 집들이 밀집해 있었고, 바다 쪽 운하와 가장 큰 항구는 각지에서 모여든 상선들과 상인들로 넘쳐나 고함 소리와 떠드는 소리가 밤이고 낮이고 그칠 줄 몰랐어요.

도성과 유서 깊은 왕궁에 관한 이야기는 내가 전해 들은 대로
대충 다 전했으니, 이번에는 당연히 그 나라의 다른 지역은 어떠했 118a
으며 어떻게 정비되었는지 말해야겠지요. 먼저 나라 전체가 해수면보다 훨씬 높은 데다 해안선을 따라 가파른 암벽으로 둘러싸여 있었다고 합니다. 그러나 도시 주위에는 평야밖에 없었고, 평야는 바다까지 비탈져 있는 산들로 둘러싸여 있었어요. 평야는 평탄하고 평평했으며 그 모양이 대체로 직사각형이었는데, 길이는 3천 스

35 바다로 연결된 운하가 바닷물 원들과 만나는 곳을 가리키는 듯하다.

b 타디온이고 해안에서 그 중심까지는 2천 스타디온이었어요. 섬의
이 지역은 남향이어서 북풍을 피할 수 있었어요. 평야를 에워싸고
있던 산들은 많기도 하고 높기도 하고 아름답기도 하여 당시 칭송
의 대상이었어요. 그런 점에서 거기에 견줄 만한 산들은 오늘날 어
디에도 없어요. 산중에는 인구가 많은 부유한 마을이 많았고, 그
곳의 강과 호수와 목초지들은 온갖 종류의 길들인 동물들과 야생
동물들에게 먹을거리를 넉넉히 대주었습니다. 또한 온갖 건축물
에 쓸 만큼 여러 가지 목재도 넉넉히 공급되었어요.

c 평야는 원래 그렇게 생긴 데다 여러 왕들이 대를 이어 오랫동안
노력을 기울인 결과 다음과 같은 특징을 띠게 되었어요. 평야는
원래는 변(邊)이 직선에 가까운 직사각형이었지만 완전한 직사각
형이 아니었기에 해자(垓字)를 둘러 똑바르게 만들었어요. 해자의
깊이와 너비와 길이는 믿기지 않을 정도였어요. 어떤 인공 구조물
이 비슷한 종류의 다른 구조물들에 견주어 그처럼 거대했다는 것
은 믿기 어려우니까요. 하지만 나는 들은 대로 말하겠습니다. 해
자의 깊이는 1플레트론이고 너비는 어디서나 1스타디온이었으며,
d 길이는 평야 둘레를 빙 돌아가며 팠기에 1만 스타디온이었어요.
그들은 산에서 흘러내리는 물을 해자로 받아들여 평야를 완전히
한 바퀴 돌고 나서 양쪽에서 도시에 이르게 한 다음 거기서 바다
로 내보냈어요. 또한 해자에서 내륙 쪽으로 평야를 가로질러 100
푸스 너비의 수로들을 파서 바다 쪽 해자로 흘러들게 했는데, 이
수로들은 서로 100스타디온만큼씩 떨어져 있었어요. 그들은 이

수로들을 이용해 산중에서 도시로 목재를 떠내려 보냈을뿐더러 e
산중에서 나는 것들을 철철이 배로 실어 날랐습니다. 그들은 또한 수로들과 직각이 되게 횡단 수로들을 파서[36] 수로들이 다른 수로나 도시와 연결되게 했어요. 그들은 한 해에 두 번씩 수확했는데, 겨울에는 하늘에서 내리는 빗물을 이용하고,[37] 여름에는 지하수를 끌어올려 농업용수로 썼습니다.

군인으로 복무할 수 있는 평야 주민들의 수에 관해 말하자면,
지구(地區)마다 장교 한 명씩을 내게 되어 있었어요. 지구는 각각 119a
크기가 10제곱스타디온이고, 다 합쳐 6만 개였어요. 산중과 나라의 다른 부분들에는 헤아릴 수 없을 만큼 많은 남자들이 있었는데, 그들은 지역별로 마을별로 이들 지구와 그곳 장교들에게 배정되었다고 합니다. 모두 합치면 전차 1만 대가 되게끔 장교는 전시에 저마다 전차 한 대를 준비하는 데 필요한 것의 6분의 1을 제공
해야 했어요. 말하자면 말 2필과 그것을 탈 기병들, 전차가 딸리지 b
않은 말 2필, 전차에서 내려 싸우는 경방패병 1명, 말 2필을 몰 마부 1명, 전차를 탄 채 마부 앞에 서 있는 전투병 1명, 중무장 보병 2명, 궁수 2명, 투석병 2명, 경무장 투석병 3명과 투창병 3명, 모두 1,200척의 전함에 필요한 인원을 충원할 수 있게끔 선원 4명을 제공하게 되어 있었어요. 왕궁이 있는 도시의 군 편제는 그러했습니

36 바둑판에서 가로줄이 세로줄과 만나듯이.

37 지중해 연안에서는 겨울이 우기(雨期)이다.

다. 다른 아홉 도시는 편제가 그와 달랐지만, 그것을 설명하자면 시간이 너무 많이 걸릴 거예요.

c 그들은 권위와 관직을 처음부터 다음과 같이 배분했습니다. 10명의 왕은 저마다 자기 영역과 도시에서는 시민들에 대해 절대 권력을 갖고 있었고, 임의로 벌주고 처형할 수 있다는 점에서 대부분의 법보다 더 강력했어요. 그러나 그들끼리의 권력 배분과 상호 관계는 포세이돈이 정한 법규들의 지배를 받았는데, 그 법규들은 법으로 전승되어 초대 왕들에 의해 오레이칼코스 기둥에 새겨진
d 채 섬 중앙에 있는 포세이돈 신전에 안치되어 있었어요. 그리고 그들은 홀수와 짝수에 똑같이 경의를 표하느라 5년째 되는 해와 6년째 되는 해에 번갈아가며 그곳에서 모이곤 했지요. 그리고 그렇게 모였을 때는 공동의 관심사를 논의했을 뿐 아니라 그들 중 누가 법을 어겼는지 조사해서 재판하곤 했어요.

재판할 때 그들은 다음과 같이 서약을 주고받았습니다. 포세이돈의 신전 안에는 황소들이 자유롭게 돌아다녔는데, 10명의 왕은 저들끼리만 남으면 신의 마음에 드는 제물을 바칠 수 있게 해달라
e 고 신에게 기원했어요. 그러고 나서 그들은 쇠붙이 무기가 아니라 몽둥이와 올가미를 집어 들고 황소들을 추격하기 시작하는데, 일단 그중 한 마리를 잡으면 기둥 있는 곳으로 끌고 가 기둥 꼭대기에서 목을 베어 피가 비문(碑文) 위로 흘러내리게 했어요. 기둥에는 그런 법규들 외에도 법규들을 어기는 자에게 끔찍한 저주를 부르는 서원(誓願)이 새겨져 있었습니다.

그들은 관습에 따라 황소를 제물로 바치고 나서 그 사지를 모두 불에 태워드린 뒤[38] 포도주 희석용 동이[39]를 준비하여 그들 각자를 위해 그 안에 핏덩이를 하나씩 던져 넣었어요. 그리고 기둥을 청결하게 한 다음 나머지 피도 불에 부어드렸어요. 그러고 나서 그들은 황금 잔들로 희석용 동이에서 포도주를 조금 떠서 불에다 부어드리면서 자기들은 기둥에 새겨진 법규들에 맞게 재판할 것이며, 지난날의 위법도 처벌할 것이며, 앞으로는 어떤 법규도 고의로 어기지 않을 것이며, 자기들 아버지의 법규들과 부합하지 않으면 명령을 내리거나 명령에 복종하지 않겠다고 맹세했어요. 그들은 저마다 자신과 자손들을 위해 그렇게 서약하고 나서 잔을 비우고 그 잔을 신전에 봉헌했어요. 그런 다음 식사를 하고 다른 용무를 보았어요. 그리고 어둠이 깔리고 제물을 태워드리던 불이 꺼지고 나면 그들은 모두 더없이 아름다운 짙푸른 예복을 걸치고는 밤새도록 다 타고 재만 남은 제물 옆에 앉아 있었고, 신전 주위의 불이 모두 꺼지고 나면 그들 중 누가 법규를 어겼다고 고발당할 경우 재판을 하기도 하고 재판을 받기도 했어요. 그리고 판결이 내려지면 그 이튿날 아침 판결문을 황금 판에 새겨 예복과 함께 기념물

120a

b

c

38 고대 그리스인들은 구수한 냄새가 신들이 사는 하늘로 올라가도록 제물의 내장은 불에 태우고 고기만 먹었다.

39 krater. 고대 그리스인들은 대개 포도주와 물을 초기에는 1 대 3, 후기에는 2 대 3의 비율로 희석해서 마셨다.

40 제우스.

로 신전에 봉헌했어요.

왕들 개개인의 특권에 관한 다른 법률과 관습도 많았습니다. 그
중 가장 중요한 것들은 그들은 어떤 경우에도 서로 전쟁을 해서는
안 된다는 것, 어떤 도시에서 누가 왕권을 전복하려 할 경우 그들
은 모두 상부상조해야 한다는 것, 전쟁이나 그 밖의 다른 정책에
d 관해 어떤 결정을 내릴 때는 그들은 선조들의 관행에 따라 서로
의논해야 한다는 것, 아틀라스의 자손들에게는 종주권을 인정해
야 한다는 것, 어떤 왕도 10명 중 다수의 동의를 얻지 못하면 친족
가운데 어느 누구도 처형할 권한이 없다는 것 등이었어요.

당시 아틀란티스 섬에는 그만큼 강력한 세력이 존재했습니다.
그런데 신[40]은 그 세력이 우리나라를 공격하게 했는데, 전하는 바
e 에 따르면 그 이유는 다음과 같아요. 포세이돈의 본성이 그들 안
에 살아 있는 동안에는 그들은 누대에 걸쳐 법에 복종하며 자신들
안에 있는 신적인 요소를 존중했어요. 그들은 참되고 고매한 원칙
들을 고수하며 변화무쌍한 인생에 대해 그리고 서로에 대해 침착
하고 지혜롭게 대했기에, 미덕 외에는 모든 것을 무시하며 자신들
121a 의 번영을 하찮게 여겼어요. 그래서 그들은 자신들의 부와 재물의
짐을 말하자면 가볍게 짊어질 수 있었고, 자신들의 부가 제공하는
사치에 도취되지 않고 자제심을 유지하며 결코 비틀거리지 않았습
니다. 그들은 정신이 맑은지라 번영도 우애가 미덕과 함께할 때 증
진되며, 부를 지나치게 추구하고 존중하면 부도 줄어들고 그와 더
불어 미덕도 사라진다는 것을 분명히 보았던 겁니다.

그래서 이런 원칙들과 신적인 본성이 그들 안에 고스란히 남아 있는 동안에는 그들은 앞서 말한 번영을 계속해서 누렸어요. 그러나 필멸의 요소가 계속 대량으로 섞이면서 그들 안의 신적인 부분이 약해지고 그들의 인간으로서의 본성이 우위를 차지하자, 그들 b
은 자신들의 번영을 견디지 못하고 타락하기 시작했지요. 그래서 볼 줄 아는 사람들에게는 그들이 비열해 보일 거예요. 그들은 값진 것들 중에서도 가장 아름다운 것을 잃어가고 있으니까요. 그러나 무엇이 참된 행복인지 제대로 판단할 줄 모르는 사람들에게는 불의한 탐욕과 권력을 추구하는 그들이 가장 훌륭하고 가장 행복한 삶을 사는 것으로 보이겠지요.

그리하여 신들 중의 신이며 법으로 다스리는 제우스는 이런 일들을 내려다볼 수 있는지라 이 고상한 종족이 비참한 상태에 있는 것을 보고는 그들을 벌해 그들이 다시 올바른 삶을 살게 하기로 c
결심했어요. 그래서 그는 우주 전체의 중앙에 자리 잡고는 생성의 세계 전체를 굽어보는 자신의 더없이 영광스러운 처소로 모든 신들을 소집했고, 신들이 모이자 말했습니다…….[41]

41 여기서 크리티아스의 이야기는 중단된다. 만약 플라톤이 이야기를 완성했다면 제우스의 결정에 따라 아틀란티스 섬 주민들이 당시 미덕의 화신이었던 아테나이를 공격하다가 패한 이야기와 그 뒤 아틀란티스 섬이 지진과 대홍수로 바닷물 속에 가라앉은 이야기 등이 이어졌을 것이다.